Theo Schwarzmüller

Albert Finck
und die Nationalhymne

Dr. Albert Finck (1895-1956)

Theo Schwarzmüller

Albert Finck
und die Nationalhymne

Eine Lebensreise vom
Kaiserreich zur Bundesrepublik

Plöger

Für unsere Zwillinge Max und Paul,
geboren am 20.02.2002

Die deutsche Bibliothek – CIP –Einheitsaufnahme:
Schwarzmüller, Theo:
Albert Finck und die Nationalhymne : eine Lebensreise vom Kaiserreich zur Bundesrepublik / Theo Schwarzmüller. – Annweiler : Plöger, 2002

www.AlbertFinck.de

ISBN 3-89857-135-1

Impressum:

Umschlagentwurf: Werner Korb, Neustadt/Weinstraße
Gesamtherstellung: Plöger Medien GmbH, Annweiler

Inhalt

Einleitung

Lies keine Geschichte,
lies nur Biografien,
denn das ist Leben
ohne Theorie.

Benjamin Disraeli

Jeder kann sie summen, viele können sie singen, aber fast niemand weiß, wem die Bundesbürger ihre Nationalhymne verdanken. Albert Finck hieß der Initiator. Er hatte die Idee, die dritte Strophe des Deutschlandliedes zur Hymne der jungen Bundesrepublik zu machen. Finck trug seinen Vorschlag 1949 nicht nur in die Öffentlichkeit, sondern auch wesentlich dazu bei, dass sich »Einigkeit und Recht und Freiheit« durchsetzte. Nach heftigen Kontroversen besiegelten der erste Bundespräsident Theodor Heuss und der erste Kanzler der Bundesrepublik Deutschland, Konrad Adenauer, schließlich 1952 die Entscheidung.

Wer war Albert Finck? Kaum ein Lexikon gibt darauf Antwort, keine Biografie zeichnet bisher seinen Lebensweg von 1895 bis 1956 nach. Vom Kaiserreich über die Weimarer Republik und das Dritte Reich zur Bundesrepublik spannt sich der Lebensbogen dieses Publizisten und Politikers aus der Pfalz. Der Vorkämpfer von Einigkeit, Recht und Freiheit ist sogar in seiner Heimat weitgehend in Vergessenheit geraten, obwohl er auch zu den Vätern des Grundgesetzes gehört und von 1951 bis zu seinem Tod, immerhin fünf Jahre lang, als rheinland-pfälzischer Kultusminister amtierte.

Dieses Buch will die Lebensreise eines herausragenden Demokraten und Patrioten nachzeichnen. Es folgt den Spuren Fincks von seinem Geburtsort Herxheim bei Landau bis zu seinem Grab in Hambach bei Neustadt an der Weinstraße. Eine Gedenktafel erinnert seit wenigen Jahren in der engen Herxheimer Habertsgasse, am Geburtshaus Nummer 13, an Dr. Albert Finck und seinen älteren Bruder, Dekan Johannes Finck.

Es war ein Sonntag, der 14. September 1998, als der deutsche Bundeskanzler Helmut Kohl in das Dorf kam, um die Bronzetafel zu enthüllen und die Gedenkrede für seine beiden frühen Weggefährten zu halten. Es war das Ende der Ära Kohl, denn zwei Wochen später verlor seine Partei, wie erwartet, die Bundestagswahl. Bevor er Abschied nahm von der Macht, nach so langen Jahren, kehrte der Kanzler der Einheit und Ehrenbürger Europas, trotz Wahlkampfstress und internationaler Verpflichtungen, zu seinen politischen Anfängen und geistigen Wurzeln zurück. Er sprach von der Pfalz, von ihrer Geschichte, vom Leiden dieser Landschaft unter Nationalismus und Krieg, von der erreichten Freundschaft mit dem benachbarten Frankreich. Nicht zuletzt erinnerte er an die legendäre Versammlung 1949 in Landau, als Albert Finck zum ersten Mal nach dem Zweiten Weltkrieg die dritte Strophe des Deutschlandliedes anstimmen ließ. Die Fincks würdigte der scheidende Bundeskanzler als zwei »großartige Männer«, die aus ihrem christlichen Glauben heraus, ohne jede Enge, einen deutschen Patriotismus gelebt hätten. »Ich selbst habe den beiden Brüdern viel zu verdanken.«

Wer von Nationalgefühl redet, wer über die Geschichte der Hymne und die Kraft solcher Symbole gerade in Krisenzeiten nachdenkt, findet in Deutschland weniger Verständnis als anderswo. Dafür gibt es triftige historische Gründe. Angesichts der »rat- und rastlosen Suche nach der verlorenen Identität« muss man jedoch den deutschen Mangel beklagen, wie der Publizist Christian Graf von Krockow schreibt. Schmale Traditionsbestände sollten darum kein

Anlass sein, sie zu schmähen, sondern dazu auffordern, sie sorgsam zu pflegen.

In diesem Sinn möchte der vorliegende biografische Essay Albert Finck und auch seinen nicht weniger bedeutsamen Bruder aus der Vergessenheit holen und ihre Verdienste würdigen. Verknüpft damit, untersucht die Studie das Wurzelwerk, aus dem der Pfälzer Helmut Kohl hervorgegangen ist, beleuchtet also die lebensgeschichtlichen Voraussetzungen eines herausragenden europäischen Staatsmanns des 20. Jahrhunderts.

In einer Nationalhymne drückt sich, stärker als in allen anderen staatlichen Symbolen, das emotionale Verhältnis und die innere Verbundenheit der Bürger zu ihrem Land aus. Das Wissen um den Initiator Albert Finck, um sein außergewöhnliches Leben und seine aufrechte demokratische Haltung trotz aller Widrigkeiten und Wechselfälle der Politik, mag nicht zuletzt dazu beitragen, den Umgang mit der deutschen Hymne zu entkrampfen.

1. Kapitel

Kindheit und Kriegserlebnis

1895-1918

Vom Rhein, das heißt
vom Abendland,
das ist natürlicher Adel.

Carl Zuckmayer

Albert Finck erblickte am 15. März 1895 das – noch nicht elektrische – Licht einer dörflichen Lebenswelt. Herxheim mit seinen 4.000 Seelen lag im linksrheinischen Teil des Königreiches Bayern, der Pfalz. Hier, am Rande des deutschen Kaiserreichs, war die Hauptstadt Berlin fast 100 Kilometer weiter entfernt als Paris. Vater Michael Finck, der 1870/71 blutjung am Krieg gegen Frankreich teilgenommen hatte, bekleidete in der Gemeinde das Amt des Polizeidieners. Nachdem seine erste Frau Katharina an Tuberkulose gestorben war, hatte der Witwer 1888 mit 41 Jahren noch einmal geheiratet: Regina Feinholz, bei der Hochzeit 36 Jahre alt, umsorgte die sechs teilweise behinderten Halbwaisen aus der ersten Ehe ihres Mannes wie die vier gemeinsamen Kinder: Johannes, noch 1888 geboren, Helena, August und Albert, der jüngste von allen.

Der Kinderreichtum zeichnete Herxheim aus, und weil die Menschen nicht mehr aus Not scharenweise nach Amerika auswandern mussten, wuchs das Dorf zwischen 1880 und 1905 von unter 3.900 auf nahezu 4.500 Einwohner. Fast alle waren katholisch, wenige protestantisch. Daneben gab es einige jüdische Familien, aus denen der bedeutende Baumeister Ludwig Levy hervorging, der bei dem Frankfurter Architekten Paul Wallot am Entwurf für den Berliner Reichstag mitarbeitete. Seit dem 11. Jahrhundert hatte Herxheim, kaum berührt von der Reformation, den Fürstbischöfen von Speyer unterstanden. Heute noch schmückt sich der Ort mit den meisten Kapellen und Wegkreuzen in der Pfalz – Ausdruck traditioneller Volksfrömmigkeit. Getragen vom Ethos der Nächstenliebe und humanitären Idealen, wirkte die christliche Religion durchaus lebensnah, wie die karitative Pioniertat des Geistlichen Jakob Friedrich Bussereau zeigt, der kurz vor der Jahrhundertwende in Herxheim das St. Paulusstift errichtete, ein Heim für geistig Behinderte, Epileptische und Gebrechliche. Nonnen übernahmen die Pflege der Kranken. Schulschwestern erzogen auch alle Mädchen des Dorfes.

Hineingeboren in dieses typisch konfessionelle Sozialmilieu, haben Johannes und Albert Finck ihre Wertorientierungen gleichsam mit der Muttermilch aufgesogen. Der Katholizismus begleitete mit Hilfe eines Netzes von Vereinen und Verbänden das Dasein praktisch von der Wiege bis zur Bahre. Diese soziale Geborgenheit ist nicht etwa zu verwechseln mit einer vorindustriellen Idylle. Während seiner Schulzeit erlebte Albert Finck den harten Lohnkampf der Herxheimer Weber und Zigarrenmacher mit. Auf der Seite der Streikenden stand auch Pfarrer Franz Xaver Keßler, der wichtigste Mann im Dorf. Sein oberster

Das neue Pfarrhaus (rechts) neben der Kirche in Herxheim zu Beginn des 20. Jahrhunderts

Pfarrer Franz Xaver Keßler

Bischof in Rom, der »Arbeiterpapst« Leo XIII., hatte in der Enzyklika »Rerum novarum« von 1891 sowohl einen hemmungslosen Kapitalismus wie die marxistischen Parolen der Klassenfeindschaft abgelehnt. Entsprechend holte Keßler rechtzeitig die katholischen Gewerkschaften in sein Dorf, um der »roten« Konkurrenz das Wasser abzugraben.

Der Priester, selbst ein Sohn armer, aber frommer Bauern aus Harsberg in der Westpfalz, erkannte und förderte das Talent der Finck-Söhne. Auch Albert erhielt bei ihm die ersten Lateinstunden. Aus dem Pfarrhaus, einem imposanten Neubau, machte Keßler, der in der Pfalz als Vorkämpfer der Deutschen Zentrumspartei galt, eine Pflanzstätte für den geistlichen und politischen Nachwuchs. Diese Art der katholischen Bildungsoffensive eröffnete Kindern vom Lande oft die einzige Chance für einen Aufstieg aus bescheidenen Verhältnissen.

Dass Albert Finck einmal zum Minister aufsteigen würde, hat ihm niemand an seiner Wiege gesungen. Unter allen 90 Politikern, die während der Kaiserzeit als Regierungs- oder Ressortchefs sowie als preußische Minister amtierten, befanden sich nur sieben Katholiken. In dem preußisch-protestantisch geprägten Reich der Hohenzollern bedeutete es einen Nachteil, katholisch zu sein. Kaum hatte Otto von Bismarck 1871 den neuen Staat gegründet, grenzten der Eiserne Kanzler und die Nationalliberalen die konfessionelle Minderheit – ein Drittel des Volkes – und deren Partei, das Zentrum, als vermeintlich romhörige, »ultramontane Reichsfeinde« aus. Als er seinen schweren Fehler erkannte, beendete der Staatsmann den Kulturkampf, aber das Klima blieb noch lange belastet.

Die Gebrüder Finck, die ihren Namen noch bis zu einem amtlichen Entscheid 1935 meist ohne c schrieben, durften auf die höhere Schule gehen. Johannes besuchte das Humanistische Gymnasium im nahen Landau und legte dort 1908 das Abitur ab. In dieses Städtchen an der Queich verschlug es 1906 mit 19 Jahren auch einen gewissen Hans Kohl aus Mainfranken. Er meldete sich freiwillig bei der Armee und kam in ein Landauer Regiment.

Die alte Festungsstadt, die Bayerns zweitgrößte Garnison beherbergte, war immer wieder Zankapfel zwischen den beiden großen Völkern am Rhein gewesen. »Landau où la mort!« (Landau oder der Tod), so lautete 1793 die berühmte Losung der französischen Revolutionstruppen, die vom Elsass her gegen die deutschen Lande vorrückten und die Festung schließlich eroberten. Im Jahr zuvor, 1792, hatte Claude-Joseph Rouget de Lisle in Straßburg auch sein »Kriegslied der französischen Rheinarmee« erfunden, bekannt als Marseillaise und seit 1795 Nationalhymne. Als zwei Jahre darauf, 1797, die

Ein Klassenfoto aus der Volksschule Herxheim mit Albert Finck (vorne Mitte und Ausschnitt oben)

siegreichen Truppen Napoleons auf Wien marschierten und dabei ihr »Allons, enfants de la Patrie« sangen, erhielt auf der Gegenseite Joseph Haydn den Auftrag, die Musik zu dem Text »Gott erhalte Franz, den Kaiser« zu komponieren. Haydn, der gerade von London nach Österreich zurückgekehrt war, ließ sich dabei auch von der Feierlichkeit der englischen Hymne »God save the King« inspirieren. Joseph Haydns wundervolle Melodie der heutigen deutschen Nationalhymne ist also noch als patriotisches Lied auf den letzten Kaiser des Heiligen Römischen Reiches Deutscher Nation, den Habsburger Franz I., entstanden und geschichtlich eng mit den Hymnen Frankreichs und Großbritanniens verbunden.

Zurück zu Helmut Kohls Vater Hans, der der gleichen Generation wie die Fincks angehörte und einer ähnlichen Milieustruktur und Mentalität entstammte: Kinderreiche, katholische Familie vom Lande, wertkonservativ geprägt, beheimatet im Süden und Westen Deutschlands. Er selbst berichtete in einem Lebenslauf über seine Herkunft: »Am 3. Januar 1887 wurde ich als Sohn der Eheleute Kaspar Kohl und dessen Ehefrau Eva geborene Rummel zu Greußenheim (im) Bezirksamt Würzburg geboren. Nach katholischer Kirchensitte getauft und erzogen, besuchte ich vom 6. bis zum 13. Lebensjahr die Volksschule meines Heimatortes und dann bis zum 16. Lebensjahre die dortige Fortbildungsschule. Dann war ich bei meinen Eltern in der Landwirtschaft und auf einem kaufmännischen Büro tätig.«

Die Lebenswege des Vaters und des späteren politischen Ziehvaters von Helmut Kohl, Johannes Finck, kreuzten sich zufällig in Landau, als die Stadt 1907 jene Jugendstil-Festhalle eröffnete, in der Albert Finck in Anwesenheit des jungen Helmut Kohl 1949 die dritte Strophe des Deutschland-

Schrieb 1841 das
»Lied der Deutschen«:
August Heinrich Hoffmann,
genannt Hoffmann
von Fallersleben

Komponierte die 1797 erstmals
aufgeführte Kaiserhymne:
Joseph Haydn

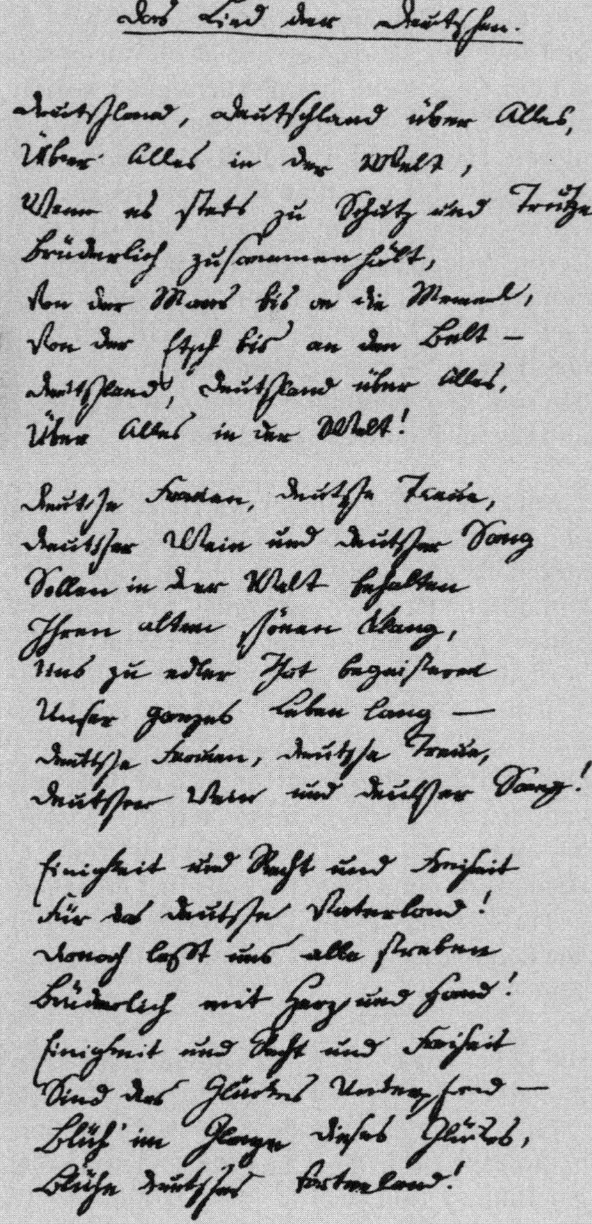

Das Lied der Deutschen.

Deutschland, Deutschland über Alles,
Über Alles in der Welt,
Wenn es stets zu Schutz und Trutze
Brüderlich zusammenhält,
Von der Maas bis an die Memel,
Von der Etsch bis an den Belt –
Deutschland, Deutschland über Alles,
Über Alles in der Welt!

Deutsche Frauen, deutsche Treue,
Deutscher Wein und deutscher Sang
Sollen in der Welt behalten
Ihren alten schönen Klang,
Uns zu edler That begeistern
Unser ganzes Leben lang –
Deutsche Frauen, deutsche Treue,
Deutscher Wein und deutscher Sang!

Einigkeit und Recht und Freiheit
Für das deutsche Vaterland!
Danach laßt uns alle streben
Brüderlich mit Herz und Hand!
Einigkeit und Recht und Freiheit
Sind des Glückes Unterpfand –
Blüh' im Glanze dieses Glückes,
Blühe, deutsches Vaterland!

liedes als Hymne der Bundesrepublik ausrufen sollte. Während der Kaiserzeit diente dieses Lied, das August Heinrich Hoffmann, genannt Hoffmann von Fallersleben, 1841 im Geist der Nationalbewegung gedichtet hatte und 1848 auf den Barrikaden der Revolution erklungen war, nie offiziell als Nationalhymne. Die Untertanen der Monarchie huldigten ihrem Kaiser Wilhelm II. mit »Heil Dir im Siegerkranz, Herrscher des Vaterlands«. Die Musik stimmte mit Englands »God save the King« überein. Anfang des 20. Jahrhunderts sangen die wilhelminischen Hurrah-Patrioten allerdings auch immer häufiger »Deutschland, Deutschland über alles« sowie nicht zuletzt das antifranzösische Kampflied »Die Wacht am Rhein«. Solche Töne stießen gerade in der Pfalz auf Widerhall. Hatte das Hambacher Fest 1832 die Ideale von Einheit und Freiheit verkündet, so war 1866 die demokratisch-großdeutsche Stimmung durch den Sieg Preußens über Österreich umgeschlagen in einen Grenzland-Chauvinismus und kleindeutschen Militarismus. Die Pfalz galt seit der Reichsgründung als absolute Hochburg der Nationalliberalen und, wie eine katholische Zeitung kritisch bemerkte, als »Eldorado der Bismarckschwärmerei«. Um die Jahrhundertwende schossen die Bismarcktürme und Denkmäler wie Pilze aus dem Boden, auch in Landau.

Hans Kohl trat in ein Infanterie-Regiment ein, wechselte 1908 zur Feldartillerie und diente bis 1914 als Schreiber beim Landauer Generalkommando. In der Buschmühle, einem Waldgasthaus beim Wallfahrtsort Burrweiler, lernte er seine spätere Frau Cäcilie Schnur kennen. Deren Vater war ein katholischer Volksschullehrer aus dem Ludwigshafener Stadtteil Friesenheim, dirigierte dort auch den Gesangverein und hatte seine 1890 geborene Tochter auf den Namen der Schutzpatronin der Musik taufen lassen.

Johannes Finck wandte sich nach dem Abitur 1908 in Landau der katholischen Theologie zu. Er studierte zwei Semester in Innsbruck in der kaiserlich-königlichen Monarchie Österreich-Ungarn und vier Semester in München. Wie später sein Bruder Albert, trat er der katholischen Studentenverbindung Alemannia bei. Er fand Anschluss an die sozialreformerische Bewegung des Studentenpfarrers und »Großstadtapostels« Carl Sonnenschein, der interkonfessionelle Perspektiven entwickelte, weshalb konservative Glaubensgenossen ihn als Modernisten angriffen. Das katholische Lager diskutierte heftig über diese Fragen; 1906 hatte der Politiker Julius Bachem mit seinem Aufruf »Wir müssen heraus aus dem Turm!« die Öffnung der Zentrumspartei für Protestanten gefordert.

Das Gettodenken überwinden wollte namentlich der Volksverein für das katholische Deutschland. Bei dessen Versammlungen trat auch Johannes Finck, ein rhetorisches Talent, während der Semesterferien als Redner auf. Der Bildungsverein, entstanden mit Hilfe von Bismarcks Gegenspieler Ludwig Windthorst, sollte nach dem Kulturkampf die katholischen Massen politisch-sozial schulen und auf eine gleichberechtigte Mitarbeit im Staat vorbereiten. Die Zahl der Mitglieder stieg bis 1914 auf mehr als 800.000 Frauen und Männer an. Die Informationshefte jenes Volksvereins für das katholische Deutschland dienten nach 1945 den Politikschülern Fincks, darunter Helmut Kohl, noch als Lehrmaterial, da kaum neue Literatur zur Verfügung stand.

1912, kurz bevor Prinzregent Luitpold mit 91 Jahren in München starb, kehrte Johannes Finck von dort in die Pfalz zurück. Am 28. Juli des gleichen Jahres legte er im Dom zu Speyer, über den Gräbern der mittelalterlichen Herrscher des christlichen Abendlandes, die Gelübde der Armut, Ehelosigkeit und Keuschheit ab. Später führte Helmut Kohl, sein geistiger Ziehsohn, als Bundeskanzler Staatsgäste aus aller Welt durch den salischen Kaiserdom. Die Priesterweihe empfing Johannes Finck durch Bischof Michael Faulhaber, der am Anfang seiner Karriere als markanter Kirchenfürst des 20. Jahrhunderts stand. 1917 stieg der Sohn eines Bäckermeisters zum Erzbischof von München, 1921 zum Kardinal auf. Er starb 1952 an Fronleichnam, genau wie ein Jahr später Johannes Finck.

Eigentlich hätte auch Albert, der jüngste Spross der Familie, Pfarrer werden sollen. Er wohnte deswegen seit 1907 im Bischöflichen Konvikt in Speyer und besuchte das Humanistische Gymnasium am Dom. Der ehemaligen »Metropolis Germaniae« am Rhein hatte die wissenschaftliche Öffnung der Kaisergräber von 1900 bis 1906 etwas vom alten Glanz verliehen. Die Höhe des Domes allerdings wurde seit 1904 überragt vom Turm der neuen protestantischen Gedächtniskirche in Speyer: Sinnbild der konfessionellen Spannungen. Das von Wilhelm II. geförderte Bauwerk er-

Nach seiner Priesterweihe in Speyer feierte Johannes Finck (stehend Mitte) am 30. Juli 1912 seine Primiz in Herxheim

innerte an die Protestation 1529, als die evangelischen Stände auf dem Speyerer Reichstag den Aufstand des Gewissens geprobt und damit den »Protestanten« weltweit den Namen gegeben hatten.

Die meisten Schüler des Gymnasiums – es ist das älteste im heutigen Rheinland-Pfalz – waren wie Finck allerdings katholisch. Von ihren örtlichen Pfarrern vorbereitet und aus allen Teilen der Pfalz nach Speyer geschickt, bildeten die Zöglinge den Kern des geistlichen Nachwuchses für das Bistum. Albert Finck jedoch »sprang aus der Kutt«, wie man landläufig sagte. In der Oberklasse fiel der Priester-Kandidat aus der Rolle. Weil er bei einer Faschingsfeier eine zündende Rede auf das Lehrpersonal hielt, flog Finck »wegen groben Ungehorsams« aus dem Konvikt Sankt Josef, salopp »Sepplskasten« genannt. »Propter gravem in oboedientiam dimissus!«, lautete das strenge Verdikt. Überliefert ist die Anekdote, wonach die Mutter zu Bischof Faulhaber bestellt wurde und sich von ihm eine Strafpredigt über ihren »missratenen Sohn« anhören musste. Zu Hause sei ihr Albert aber immer brav und noch gut erzogen gewesen, soll Regina Finck erwidert haben.

Kirchenfürst: der Speyerer Bischof und spätere Münchner Kardinal Michael von Faulhaber

Der Widerspenstige durfte trotzdem sein Abitur machen – er bestand mit Bravour. Im Deutschaufsatz galt es, einen Ausspruch Friedrichs des Großen an der griechischen und deutschen Geschichte zu beweisen: »Die Stärke eines Staates liegt in den Männern, die zur rechten Zeit in ihm geboren werden.« Aus den Reihen der

Pennäler gingen eine Reihe von Persönlichkeiten hervor, denen Finck auf seinem weiteren Lebensweg wieder begegnete. Dazu zählten, wenige Jahre jünger, der Speyerer Bischof und nachmalige Münchner Kardinal Joseph Wendel, der Journalist und spätere pfälzische Regierungspräsident Otto Eichenlaub oder auch der evangelische Kirchenpräsident Theodor Schaller. In Fincks Klasse saß mit Peter Pfeiffer auch ein späterer Botschafter und Präsident der Goethe-Gesellschaft. Der Mitschüler Rudolf Joeckle schließlich übernahm – genau wie Finck – die Chefredaktion einer katholischen Zeitung, musste 1933 vorübergehend in Haft und zählte 1945 zu den CDU-Begründern.

Kaum hatte der Abiturjahrgang 1914 die Prüfungen abgelegt, da fielen am 28. Juni die Schüsse von Sarajewo. Sie kündigten das Ende des alten Europas und den Untergang des stolzen Kaiserreichs an. »Ich kenne keine Parteien mehr, ich kenne nur noch Deutsche«, rief Wilhelm II. am Anfang des Ersten Weltkriegs aus. Das klang für die alten »Reichsfeinde« im Innern, ob Zentrums- oder Sozialdemokraten, wie ein Versprechen auf Anerkennung. Mit dem Burgfrieden schien die bislang verweigerte soziale und politische Gleichberechtigung greifbar nahe zu rücken. Nur zu gerne eilten auch die jungen Männer der konfessionellen Minderheit, ebenso wie die deutschen Juden, zu den Fahnen und reihten sich in den Aufmarsch der Nation ein.

Der Kriegsausbruch wirbelte die Lebensentwürfe der Generation Finck heftig durcheinander. »In Europa gehen die Lichter aus, wir alle werden sie in unserem Leben nie wieder leuchten sehen«, stellte der englische Außenminister Edward Grey eine düstere Prognose, als der alte Kontinent ohne Not in sein Unglück schlitterte. Was folgte, waren über drei Jahrzehnte der Kriege und Katastrophen bis 1945. Albert Finck, 1914 erst 19 Jahre jung, wurde darüber ein älterer Mann jenseits der 50. Ihm sollten vom Ende des Zweiten Weltkriegs bis zu seinem Tod 1956 lediglich elf Lebensjahre verbleiben.

Seine Generation musste einen furchtbar hohen Blutzoll zahlen. So fielen von den zwölf Konviktoren aus Alberts Klasse allein fünf. Im November 1914, bei einem Sturmangriff nahe Langemarck in Flandern, gingen Soldaten zu Tausenden mit dem Deutschlandlied auf den Lippen in den Tod. Albert Fincks Bruder August, der ebenfalls das Speyerer Gymnasium absolviert und in München studiert hatte, starb als Infanterist schon in den ersten Kriegswochen. Einen Monat vor seinem 25. Geburtstag fiel der Mediziner, der am 1. April 1914 seinen Militärdienst angetreten hatte, am 28. August bei Lunéville in Lothringen.

Studium in München: Albert Finck (sitzend 2. v. l.) im Kreis einer Studentengruppe

Albert Finck begann im Herbst 1914 an der Ludwig-Maximilians-Universität in München das Studium der Philosophie, rückte aber nach Ende des Wintersemesters mit 20 Jahren am 10. Mai 1915 nach Landau als Rekrut ein. Nach einem Einsatz bei Stellungskämpfen im Münstertal in den Vogesen, nahm er ab Oktober 1916 an der Eroberung Rumäniens unter Generalfeldmarschall August von Mackensen teil, bis zum Fluss Sereth jenseits der Karpaten. Er avancierte bei einem Feldartillerie-Regiment zum Reserveleutnant und machte den Krieg bis zur bitteren Neige mit, dem Rückzug 1918 von der Westfront – ähnlich wie Helmut Kohls Vater Hans, dem das schreckliche Schlachten noch lange Albträume bereitete, aus denen er nachts aufschreckte.

Mit den bayerischen Truppen war 1914 auch ein österreichischer Beamtensohn und verkrachter Münchner Kunstmaler als Freiwilliger ausgerückt: Adolf Hitler, von der Herkunft nominell katholisch, jedoch äußerst antichristlich eingestellt. Die viel beschworene Gemeinschaft der Schützengräben und die nie verkraftete Niederlage von 1918 verstärkte bei vielen die nationalistischen Leidenschaften. Doch es gab auch besonnene Stimmen. Kaplan Johannes Finck, der durch den Krieg seine geplante Doktorarbeit versäumte und den Dienst in einem Lazarett wegen eines Herzleidens aufgeben musste, veröffentlichte 1915 seine »Kriegsfastenpredigten«. Das Buch erschien unter dem Titel »Des Christen Kampf und Sieg« beim Bonifacius-Verlag in Paderborn, gewidmet dem Andenken seines »im Kampfe fürs Vaterland« gefallenen Bruders August. Der Autor, der schon früher erste Artikel und Aufsätze veröffentlicht hatte, redete keiner blinden Kriegsbegeisterung das Wort, wie es bekannte Intellektuelle damals taten. Johannes Finck hatte bereits begriffen, dass der moderne Krieg keine wirklichen Gewinner kannte. Erschrocken über die mörderischen Materialschlachten äußerte er: »Der Tod ist der Einzige, der bis jetzt einen vollen Erfolg erzielt hat. Man kann es fast nicht fassen, dass die Kulturmenschheit des 20. Jahrhunderts zu solchem barbarischem Gemetzel fähig ist.«

Für den Geistlichen resultierte der Irrsinn letzten Endes aus den gesellschaftlichen Tendenzen zur Säkularisation. Er mahnte eine Rückbesinnung auf den christlichen Glau-

Albert Finck im Ersten Weltkrieg

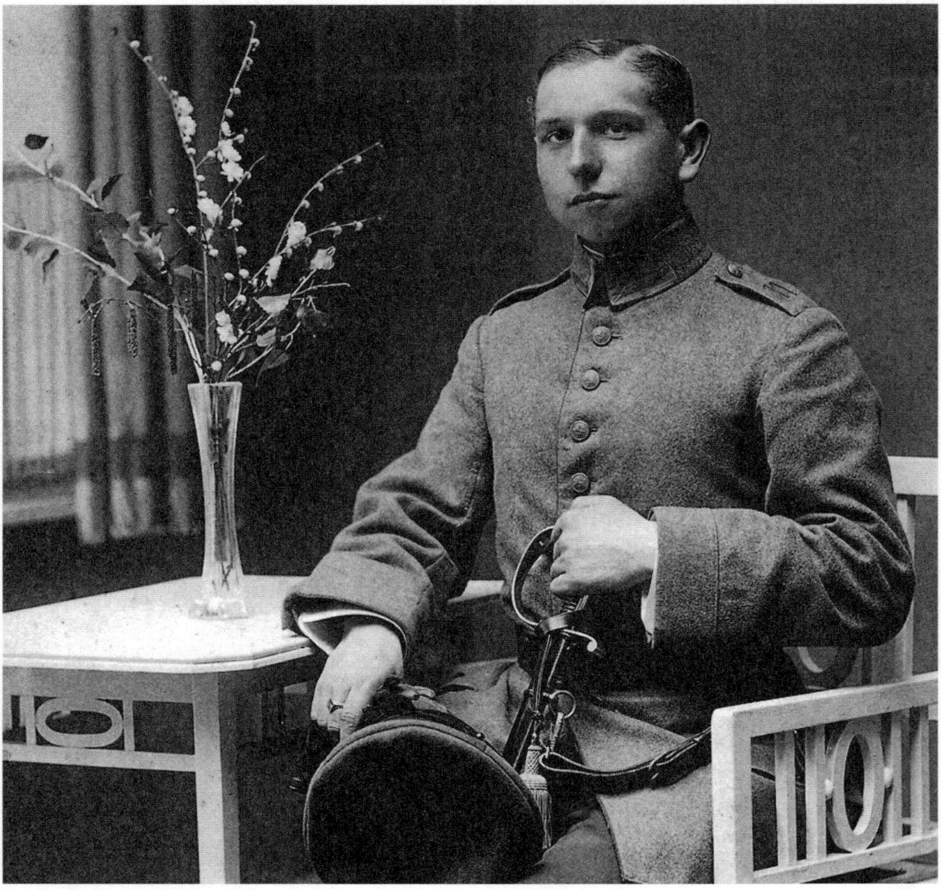

ben und traditionelle Werte an. Entschieden wandte er sich gegen jede Ideologie, die den »neuen Übermenschen« schaffen wolle, »sei es durch national konservative oder durch marxistische Revolutionäre«. Mit dem gleichen Tenor hat sein Bruder Albert nachmals das spätwilhelminische Kaiserreich und die Verfallserscheinungen des Fin du Siècle hart kritisiert: »Gelebt wurde gottlos und liederlich. Theoretischer und praktischer Materialismus ward Trumpf ... Ich habe das alles selbst in meinen jungen Jahren miterlebt. Das deutsche Reich wurde immer reicher und genoss das. Sich zu amüsieren wurde des Lebens Zweck. Das deutsche Leben verflachte. Dass es so nicht weitergehen könne, drängte sich ernsthaften Christen auf.« Treffend analysierte Albert Finck später in seinen Artikeln vor allem die Maßlosigkeit des Expansionsstrebens einflussreicher Kreise während des Ersten Weltkrieges: »Auf dem Höhepunkt unserer militärischen Erfolge träumten unsere Chauvinisten von einem deutschen Frieden, das heißt von einem von uns diktierten Gewaltfrieden. Gott sei Dank, dass der uns nicht ward.«

2. Kapitel

Journalist, Demokrat und Patriot

1918-1933

Wir Pfälzer sind Grenzdeutsche geworden.
Das legt uns in besonderem Maße
nahe, Friedensdeutsche zu sein.

Albert Finck

Nach Kriegsende kehrte Albert Finck 23-jährig im Dezember 1918 nach München zurück und nahm sein Philosophiestudium wieder auf. Neben dem Hauptfach hörte er Geschichte und Rechtswissenschaft, besuchte altsprachliche Seminare und betrieb auch hebräische Studien. Der Korporation Alemannia verhalf er als Senior zu neuem Leben. Inzwischen war das Zentrum Süddeutschlands nicht mehr zu vergleichen mit der Kulturmetropole der Prinzregentenzeit, als München leuchtete, wie Thomas Mann geschrieben hatte. Nach dem Mord an Ministerpräsident Kurt Eisner am 21. Februar 1919 spitzten sich die Revolutionswirren zu. Gegen die Räterepublik marschierten die Freikorps auf, darunter viele Studenten. Auch die Alemannen exerzierten mit Uniform, Stahlhelm und Gewehr. Während des Berliner Kapp-Putsches im März 1920 leisteten sie zum Schutz Münchens Dienst bei der Einwohnerwehr. Die Stadt blieb ein Tummelplatz für radikale Kräfte: Adolf Hitler suchte hier seine erste Agitationsbühne.

Unterdessen promovierte Finck zum Dr. phil. mit dem Prädikat magna cum laude, der zweitbesten Note. Sein Doktorvater, der Philosophiehistoriker Clemens Bäumker, hatte den Lehrstuhl seit 1912 inne, als sein Vorgänger Georg von Hertling als überhaupt erster Zentrumspolitiker zum bayerischen Ministerpräsidenten und anschließend 1917 zum Reichskanzler berufen worden war. Graf Hertling, der während des Kulturkampfes gegen die Benachteiligung der

Katholiken an den Universitäten gekämpft hatte und bis zu seinem Tod 1919 Präsident der Görres-Gesellschaft zur Pflege der Wissenschaft im katholischen Deutschland blieb, vertrat ein christliches Staatsdenken, das auch Albert Finck prägte. Am 27. Juli 1920 bestand der junge Philosoph im Hauptfach und den beiden Nebenfächern Moraltheologie und Römisches Recht die mündliche Prüfung, das Rigorosum.

Seine Dissertation untersuchte die Lehre vom Naturrecht bei Thomas von Aquin (1225-1275) sowie den Neuscholastikern Franz Suarez und Gabriel Vasquez, zwei spanischen Jesuiten des 16. Jahrhunderts. Das Manuskript, 70 Seiten auf der Schreibmaschine, blieb ungedruckt. Dem Ruf des Lehrstuhls entsprechend, vertrat der Autor einen aufgeklärten Katholizismus. Natürliches Sittengesetz, Religion und Glauben böten »die beste Gewähr für die Erhaltung des Friedens und der Wohlfahrt der staatlichen Gemeinschaft«. Auch das internationale Völkerrecht wurzele in der »moralischen Einheit des Menschengeschlechts«.

Albert Finck trauerte der untergegangenen Monarchie nicht lange nach. Selbst die alte Dynastie der Wittelsbacher war sang- und klanglos aus Bayern verschwunden. Auf dem Katholikentag 1922 in München setzte jedoch Erzbischof Michael von Faulhaber, der übrigens auch der Schutzpatron der Studentenverbindung Alemannia war, die Republik mit »Meineid und Hochverrat« gleich. Prompt widersprach der Kölner Oberbürgermeister Konrad Adenauer. Auch Finck war mindestens Vernunftrepublikaner – und ein überzeugter Demokrat. Die Unterzeichnung der Weimarer Verfassung am 11. August 1919 sei der Tag, »der dem deutschen Volk wieder ein

Wappen der »Alemannia«

Dach über dem Kopf schuf und es vor dem Verfall und dem Bolschewismus bewahrte«, äußerte sein Bruder Johannes gelegentlich in einem Zeitungsbeitrag. Albert verstand es während der Weimarer Zeit »selbstverständlich als unsere Aufgabe, dafür Sorge zu tragen, dass die Treue und Liebe« zur Verfassung zunehme. Der Publizist hat auch den Vorschlag unterstützt, den 11. August zum Feiertag zu machen. Der Streit darüber zeige die »traurige Zerrissenheit des deutschen Volkes«.

Um die Kluft zwischen den Lagern zu überbrücken, bestimmte am 11. August 1922 der sozialdemokratische Reichspräsident Friedrich Ebert das Deutschlandlied zur Nationalhymne. Sie fand allgemeinen Anklang, aber die Geister schieden sich an anderen Symbolen. Gegen die demokratischen Farben Schwarzrotgold führten die Anhänger des Kaiserreichs dessen Banner Schwarzweißrot ins Feld. Albert Finck kritisierte wiederholt die Unversöhnlichkeit der Rechten, namentlich der Deutschnationalen Volkspartei (DNVP), die ohne Rücksicht auf die historischen Wahrheiten und ohne Einsicht in die politischen Notwendigkeiten die Dolchstoßlegende verbreitete. Es sei 1918 für die Deutschen das kleinere Übel gewesen, nach Versailles zu gehen, erklärte Finck: »Die Deutschnationalen werden dies voraussichtlich nie begreifen oder zum Mindesten niemals als richtig zugeben.« Der spätere Mitschöpfer des Bonner Grundgesetzes hat die sehr liberale Weimarer Verfassung gegen die Anfeindungen durch Rechte und Linke vor 1933 stets in Schutz genommen. Das »Staatsgrundgesetz« weise gewiss manche Schönheitsfehler auf: »Im großen und ganzen ist es aber als gut und brauchbar zu bezeichnen.« Anders als in dem »gottlosen, die Religion fanatisch bekämpfenden Russland« oder im faschistischen Italien, verfüge in Deutschland der Katholizismus über die »gebührende Freiheit«. Das Zentrum

»So wie einst der Dichter, so lieben wir heute Deutschland über alles«

Eberts Aufruf vom 11. August 1922:

»Vor drei Jahren hat sich das deutsche Volk seine Verfassung gegeben, das Fundament seiner Zukunft. Diesen Tag wollen wir, trotz aller Not der Gegenwart, mit Freude und Hoffnung begehen ... Deutschland soll nicht zugrunde gehen! Das ist unser Schwur, solange wir atmen und arbeiten können. Wir wollen keinen Bürgerkrieg, keine Trennung der Stämme. Wir wollen Recht. Die Verfassung hat uns nach schweren Kämpfen Recht gegeben. Wir wollen Frieden. Recht soll vor Gewalt gehen. Wir wollen Freiheit. Recht soll uns Freiheit bringen. Wir wollen Einigkeit. Recht soll uns einig zusammenhalten. So soll die Verfassung uns Einigkeit, Recht und Freiheit gewährleisten. Einigkeit und Recht und Freiheit, dieser Dreiklang aus dem Liede des Dichters gab in Zeiten innerer Zersplitterung und Unterdrückung der Sehnsucht aller Deutschen Ausdruck; er soll auch jetzt unseren harten Weg zu einer besseren Zukunft begleiten. Sein Lied, gesungen gegen Zwietracht und Willkür, soll nicht Missbrauch finden im Parteikampf, es soll nicht der Kampfgesang derer werden, gegen die es gerichtet war; es soll auch nicht dienen als Ausdruck nationalistischer Überhebung. Aber so wie einst der Dichter, so lieben wir heute Deutschland über alles. In Erfüllung seiner Sehnsucht soll unter den schwarzrotgoldenen Fahnen der Sang von Einigkeit und Recht und Freiheit der festliche Ausdruck unserer vaterländischen Gefühle sein ... Es lebe die deutsche Republik! Es lebe das deutsche Vaterland! Es lebe das deutsche Volk!«

Reichspräsident Friedrich Ebert, Sozialdemokrat aus Heidelberg

spielte als Partei der Mitte tatsächlich eine Schlüsselrolle während der Weimarer Republik. Weil der politische Katholizismus gut organisiert sei, habe er »etwas zu sagen«, formulierte Albert Finck.

1921 ging er als Parteisekretär des Zentrums in den Kreis Kempen an den Niederrhein. Ein solcher Posten galt als Sprungbrett für eine politische Karriere. Doch Finck verschrieb sich nicht der Parteiarbeit, sondern dem Journalismus. Schon nach der Promotion hatte er 1920 eine kurze Ausbildung, ein Volontariat bei der katholischen Zeitung »Der Rheinpfälzer« in Landau absolviert. Jetzt kehrte er in seine Heimatregion zurück, um als Redakteur beim Aufbau der »Neuen Pfälzischen Landeszeitung« zu helfen. Zu Weihnachten 1921 hoben er und vor allem sein älterer Bruder Johannes diese Tageszeitung in Ludwigshafen am Rhein aus der Taufe. Mit Erlaubnis des Bischofs wechselte der bisherige Kaplan auf den Stuhl des Chefredakteurs.

Johannes Finck hatte sich überregional bereits einen Namen als Publizist gemacht, war allerdings gesundheitlich angeschlagen. 1920 hatte er sich (vergeblich) um die »ruhige, von Wald umgebende« Pfarrfiliale Ramsen in der Nordpfalz beworben, weil sein Herz und seine Nerven angegriffen seien, wie er Bischof Ludwig Sebastian erläuterte. Johannes Finck wollte mit 31 Jahren einen selbstständigen Wirkungskreis, wobei er nicht zuletzt an die Solidarität mit seinem Bruder Albert dachte: »Da wir keine Eltern und auch keine ledigen Geschwister mehr haben, hat derselbe keine Heimat und keinen Ort, wo er seine Ferien verbringen kann.« Der Vater war 1909, die Mutter 1915 gestorben, die Schwester Helena seit 1911 verheiratet.

Der neue Hauptschriftleiter der Landeszeitung übernahm auch die Zuständigkeit für die Kultur- und Sozialpolitik, für Wirtschaft und Wissenschaft. Als zweiter Redakteur zeichnete Albert Finck für die Außen-, Innen-, Partei- und Kommunalpolitik verantwortlich. Um zu sparen, mieteten beide gemeinsam eine bescheidene Wohnung in der deutschen Chemiemetropole und Arbeiterstadt, die gerade die Marke von 100.000 Einwohnern übersprang. Durch den Aufstieg des 1865 gegründeten Weltunternehmens BASF, das vor der Fusion mit Bayer und Hoechst zur IG Farben stand, war Ludwigshafen von vormals 2.300 Seelen explosionsartig gewachsen. Johannes Finck bezeichnete die rote Hochburg, ein Laboratorium der Moderne, gegenüber dem Bischof von Speyer griffig als »den Zentral- und Quellpunkt aller glaubensfeindlichen Bewegungen in der Pfalz«. Ähnlich grob urteilte um dieselbe Zeit übrigens der marxistische Philosoph Ernst Bloch. Seine Geburtsstadt liege am »Meer einer unstatischen Zukunft« und zeige unverhüllt das »roh-kalte Gesicht des Spätkapitalismus«. Gegenüber dem benachbarten Mannheim, der alten kurpfälzischen Residenz, bleibe Ludwigshafen »der Fabrikschmutz, den man gezwungen hat, Stadt zu werden«.

Die Fincks stürzten sich in die Arbeit und verschafften ihrem Blatt aus dem Nichts heraus schnell Reputation. Sie betrieben einen kämpferischen, aber nicht diffamierenden Journalismus. Ihre Zeitung vertrat die Standpunkte

Ludwigshafen am Rhein
Neue
Pfälzische Landeszeitung
Samstag, 24. Dezember 1921
Bezugspreis
frei ins Haus gebracht M. 9.– im Monat, vierteljährlich M. 22.–, bei unseren Niederlagen abgeholt wöchentl. M. 2.– / Postbezug vierteljährlich M. 22.–, monatlich M. 9.– Verkaufspreis der einzelnen Nummer 40 Pf. Tel.-Adr.: Landeszeitung Ludwigshafenrhein
Organ für Kultur, Politik und Volkswirtschaft
Erscheint täglich, mit Ausnahme der Sonn- und Feiertage / Vier Beilagen wöchentlich:
Für den Sonntag / Wissenschaft und Volksbildung / Der junge Politiker / Turnen, Sport und Wandern
Anzeigenpreis
für Inserate aus der Pfalz M. 2.– behördl. und Finanz-Ins. M. 2.25, Stellengesuche M. 1.50, Außerpfälzische Inserate M. 2.50, die einspaltige Petitzeile, die Reklamezeile M. 6.–, Platz- und Tagesvorschriften werden tunlichst berücksichtigt. Telefon vorläufig 152
Probe-Nummer
Druck und Verlag: Pfalzdruckerei und Verlag G. m. b. H. Hauptgeschäftsstelle und Redaktion: Ludwigshafen, Bismarckstr. 45.
Zweigstellen in: Bad Dürkheim, Deidesheim, Frankenthal, Freinsheim, Grünstadt, [illegible], Neustadt an der Haardt usw.
Erster Jahrgang

Probenummer der Neuen Pfälzischen Landeszeitung, Weihnachten 1921

Zeitungsgründer in Ludwigshafen: Johannes und Albert Finck (r.)

und Interessen des politischen Katholizismus, der im linksrheinischen Teil Bayerns jetzt allerdings unter dem Namen »Pfalzverband der Bayerischen Volkspartei (Zentrum)« firmierte. Hinter dieser Umständlichkeit verbarg sich ein Richtungsstreit. Ende 1918 hatte sich im Freistaat die Bayerische Volkspartei (BVP) von der Zentrumspartei im restlichen Reich abgespalten. Die pfälzische Organisation war hin- und hergerissen zwischen BVP und Zentrum, zwischen Weiß-Blau und Schwarz-Rot-Gold, zwischen München und Berlin. Die beiden Parteiflügel bekämpften sich mehr oder weniger verdeckt.

Mit täglich 15.000 Exemplaren übertraf die Landeszeitung rasch die Auflagen der BVP-Organe »Rheinpfälzer« in Landau und »Pfälzer Tageblatt« in Kaiserslautern. Sie stieg zu einem führenden Medium in der Pfalz auf, wo über 80 Zeitungen existierten. Parteigebundene Blätter wie die »Pfälzische Post« der SPD, die kommunistische »Arbeiterzeitung« aus Mannheim oder eben die »schwarze« Landeszeitung konkurrierten mit »farblosen« Titeln wie dem »General-Anzeiger«, der ebenfalls in Ludwigshafen erschien. Die gesamte deutsche Presselandschaft spiegelte weithin das politische Lagerdenken wider. Es gab rund 450 katholische Blätter. Abonniere ein Katholik religionsfeindliche Zeitungen, sei er »ein charakterloser Wicht, nicht besser als der Verräter Judas«, schimpfte Johannes Finck gelegentlich.

Am 11. Januar 1923 rückten französische und belgische Truppen ins Ruhrgebiet ein. Dass das Deutsche Reich mit Reparationszahlungen im Rückstand war, bot Paris einen willkommenen Vorwand. Es ging um das große Kräftemessen auf dem Kontinent. Marschall Ferdinand Foch hatte schon 1919 den Rhein als »einzige natürliche Grenze« für Frankreich verlangt. Nachdem dieses Ziel auf der Konferenz von Versailles an den Amerikanern und Engländern gescheitert war, wollte Ministerpräsident Raymond Poincaré das Sicherheitsbedürfnis gegenüber dem östlichen Riesen nun gewaltsam befriedigen. Die Berliner Reichsregierung rief die Bevölkerung an Rhein und Ruhr zum

Französische Truppen auf der Rheinbrücke in Ludwigshafen

passiven Widerstand auf. »Ein neuer Geist geht durch die deutschen Lande«, konstatierte Johannes Finck in einem Leitartikel. Die »wunderbare Einmütigkeit zwischen allen Schichten« verglich er mit 1914, warnte jedoch davor, lediglich »die Volksseele durch Brandreden für Augenblikke in Wallung zu bringen«. Vielmehr hielt der Geistliche eine soziale und moralische Reform, eine »sittliche Erneuerung« für notwendig. Er forderte, »Auswüchse des Kapitalismus« zu beseitigen, insbesondere dem Egoismus und dem Wucher sei Einhalt zu gebieten. »Soziale Unterschiede werden bleiben, aber sie dürfen nicht zu Gegensätzen werden ..., die das Volk auseinander reißen.«

Albert und Johannes Finck waren nach ihrem Selbstverständnis sozial, aber nicht sozialistisch, national, aber nicht nationalistisch. Ihr publizistischer Kampf richtete sich 1923/24 gegen die französischen Besatzer und den Separatismus, später gegen den aufkommenden Nationalsozialismus. Bei stürmischem Wetter hielten sie Kurs, ohne die langfristige Perspektive aus den Augen zu verlieren. Sofort nach Poincarés »Gewaltakt«, den die Landeszeitung scharf verurteilte, legte sie am 12. Januar 1923 zugleich ein erstaunliches Bekenntnis für einen Ausgleich zwischen Frankreich und Deutschland ab. Eine friedliche Zusammenarbeit in Europa sei auf jeden Fall ein erstrebenswertes Ziel. Die Sehnsucht nach Frieden am Rhein könne nur gestillt werden, wenn die beiden Nachbarvölker »sich gütlich verständigen und ehrlich ihre gegenseitigen Daseinsrechte und Lebensinteressen« achten würden, fügte er in seinem Leitartikel vom 3. März 1923 hinzu.

Poincaré riegelte das linksrheinische Gebiet völlig ab. Inflation und wirtschaftliche Not wuchsen dramatisch. Die Lage spitzte sich im Herbst 1923 weiter zu, als der frühere Münchner Ministerpräsident Johannes Hoffmann, der aus der Südpfalz stammte, und andere pfälzische SPD-Politiker der Besatzungsmacht ihre Bereitschaft signalisierten, die Pfalz von dem jetzt rechtskonservativ regierten Bayern zu trennen und zu einem selbstständigen Staat »im Rahmen des Reiches« umzubilden. Die Fincks, sonst mit den anderen Demokraten auf einer Linie, wandten sich mit aller Entschiedenheit gegen die Aktion. Diese »traurige Tat« der SPD-Führer beweise, dass sie »auch heute noch die Partei über das Vaterland« stellten.

Kurz nachdem Hitler in München geputscht hatte, proklamierten am 12. November 1923 die Separatisten im Westen die »Rheinische Republik« und die »Autonome Pfälzische Republik«. Dagegen machte die Landeszeitung trotz ständiger Verbote und Geldstrafen mobil. Am 17. November erklärte Albert Finck in seinem Aufsehen erregenden Artikel »In Treue fest« trutzig, Pfälzer und Rheinländer seien »mit ganzem Herzen, mit ganzem Gemüt und aus ganzer Seele deutsch und wollen stets deutsch bleiben«. Die Franzosen wiesen Finck, wie zahlreiche seiner Landsleute, aus der pfälzischen Heimat aus.

In diesem Winter 1923/1924 belastete die Pfalzfrage ernsthaft die Beziehungen zwischen Paris und London. Das Schicksal des kleinen Territoriums hielt die europäischen Kabinette in Atem. Denn für das britische Außenministerium stand die kontinentale Machtbalance auf dem Spiel. Die Finck-Brüder, die auch dem Reichsausschuss ihrer Partei angehörten, übernahmen in dieser entscheidenden Phase eine wichtige Rolle. Um die internationale Öffentlichkeit für die deutsche Sache zu gewinnen, veranlasste Albert Finck in Berlin, dass Vertreter ausländischer Zeitungen in die Pfalz eingeladen wurden. Johannes Finck begleitete sie auf ihrer dreitägigen Fahrt zum französischen Statthalter, zum Bischof sowie zu der autonomen

In der Hauptstadt: die Brüder Albert und Johannes Finck (r.) vor dem Berliner Reichstag und dem Bismarckdenkmal von Reinhold Begas

Regierung nach Speyer. Sogar die Londoner »Times« entsandte einen Sonderkorrespondenten. Er berichtete, die autonome Regierung bestehe aus der »widerlichsten und liederlichsten Bande von Raufbolden«, die man sich vorstellen könne. »Das Schauspiel einer fleißigen und friedfertigen deutschen Bevölkerung, die vollständig Ex-Sträflingen ausgeliefert ist,« sei nicht gerade amüsant.

Wegen seines Herzleidens übergab Johannes Finck im Dezember 1923 die Schriftleitung seinem Bruder und übernahm die kleine Pfarrei Billigheim, arbeitete aber weiter intensiv an »seiner« Zeitung mit. Die Redaktion verfasste jetzt, während der Wind sich drehte, insgeheim eine Resolution der katholischen Geistlichkeit der Pfalz gegen den Separatismus und ließ sie in Mannheim drucken. Pfarrer Finck selbst brachte sie in hunderten Exemplaren über die Rheinbrücke zurück und verteilte sie an alle Pfarreien. Am 11. Januar 1924 veröffentlichte die Landeszeitung den Aufruf der Geistlichen und darüber hinaus einen spektakulären Artikel Pfarrer Fincks unter der Schlagzeile »Schluss mit der Autonomie!« Anzeigenleiter Josef Schaub, der nach 1945 in Ludwigshafen einen der größten Zeitungsverlage Deutschlands begründete, erinnerte sich noch 1969 an die Dramatik jener Nacht: »Hinter zugeklebten Fenstern liefen die Maschinen ... wir haben Kopf und Kragen riskiert.« Am nächsten Tag besetzten 16 bewaffnete Separatisten das Verlagsgebäude in der Bismarckstraße. Sie verhafteten und misshandelten Angestellte, sie legten den Zeitungsbetrieb über einen Monat lahm, konnten aber den Lauf der Geschichte nicht aufhalten.

Am 15. Januar 1924 trug Albert Finck bei einem Empfang des englischen Generalkonsuls Robert Henry Clive für alle pfälzischen Bevölkerungskreise in Mannheim die Anliegen seiner Landsleute und insbesondere der geknebelten

Presse vor. Auch der Papst schickte einen Abgesandten in die Pfalz, Monsignore Gustavo Testa, den die Fincks am 12. Februar im kleinsten Kreis über die Lage orientierten. Auf internationalen Druck ließen die Franzosen die Separatisten schließlich fallen; rasch war der Spuk vorbei. Von dem Mordanschlag rechter Extremisten auf den »Präsidenten« der Speyerer Autonomie-Regierung, Franz Josef Heinz aus Orbis, am 9. Januar distanzierte sich die Landeszeitung: Die Pfälzer »lehnen jedes Gewaltmittel ab, wie sie auch der in Speyer geschehenen Bluttat völlig fern stehen«.

Vor den Reichs- und Landtagswahlen im April 1924 brach in der Pfalz der politische Katholizismus entzwei: BVP und Zentrum gingen getrennte Wege. Während der Speyerer Bischof Ludwig Sebastian, den noch der letzte König Ludwig III. berufen hatte, die Bayerische Volkspartei unterstützte, trat Pfarrer Johannes Finck als Zweiter Vorsitzender an die Spitze des neu gegründeten Zentrumsverbands. Den Vorsitz hatte ein Weingutsbesitzer aus Deidesheim inne, Bürgermeister Dr. Arnold Siben. Albert Finck gehörte als Beisitzer ebenfalls dem Vorstand an. Erst nach mehrtägigen Machtkämpfen zwischen BVP und Zentrum um die Landeszeitung konnte der Chefredakteur sich wieder zu Wort melden. »Der Bruderzwist«, so betitelte er seinen Leitartikel zu der in Deutschland einzigartigen Konstellation, dass die beiden Parteien direkt miteinander rivalisierten. Finck sah die Spaltung in dem »spezifisch bayrischen und stark deutschnationalen« Kurs der BVP begründet,

Pfarrer und Zentrumspolitiker Johannes Finck

die bis zu dessen Rücktritt im Frühjahr 1924 die Quasi-Diktatur des Ritters Gustav von Kahr unterstützt hatte. Die Pfalz sei aber »politisch anders geartet als das jenseitige Bayern«, schrieb Albert Finck. Er warf den Volksparteilern vor, gegen das Zentrum zu hetzen, dessen Anhänger zu verketzern und sie als schlechtere Katholiken und Bayern hinzustellen. Vehement wies er den Vorwurf zurück, dass »man jene, die sozial denken, als Sozialisten betrachtet. Gerade die unsoziale Gesinnung vieler Leute ist am Sozialismus schuld.« Der sei nicht durch eine »reaktionäre Rechtspolitik« zu überwinden, sondern nur durch eine »wirklich christlich-soziale Politik«.

Der Streit der schwarzen Schwestern nahm unschöne Formen an. So geriet der alte Prälat Keßler in Feindschaft zu den Gebrüdern Finck, seinen Herxheimer Ziehsöhnen. Der königstreue BVP-Mann zeterte: »Hört nicht auf den Finkenschlag aus dem Ludwigshafener Genister. An meinem Tisch habe ich sie genährt!« Der Riss ging quer durch die Pfarreien. Noch heute erzählt Helmut Kohl gerne die Anekdote, dass in manchen Gotteshäusern der Pfalz seinerzeit der Kaplan in der Frühmesse zur Wahl des Zentrums aufrief, dagegen der Pfarrer im Hochamt die Gläubigen auf die BVP einschwor. Helmut Kohl erinnerte sich dieser Erfahrung, als der CDU-Vorsitzende ein halbes Jahrhundert später, 1976, mit aller Macht den Kreuther Trennungsbeschluss der CSU unter Franz-Josef Strauß verhinderte.

Der innerkatholische Konflikt strahlte bis in die Familien hinein, wie das Beispiel von Helmut Kohls Eltern zeigt. Cäcilie Schnur, deren Bruder Walter im Krieg gefallen war, heiratete danach den heimgekehrten Hans Kohl. Bei der Reichspräsidentenwahl 1925 votierte sie für Wilhelm Marx vom Zentrum, den Kandidaten der Weimarer Koalition. Hans Kohl dagegen, ehemaliger Frontsoldat und nun

Finanzbeamter, gab seine Stimme dem Ex-Marschall von Hindenburg, wie die BVP es empfahl. Knapp gewann Hindenburg die Stichwahl, obgleich die Landeszeitung – im übertragenen Sinn – aus allen Rohren auf den kaiserlichen General feuerte. Ein Sonderdruck verdammte den BVP-Wahlaufruf: »Die nationalen und militärischen Phrasen, mit denen man jenseits des Rheines noch auf unpolitische Leute und besonders die Jugend Eindruck machen kann, verfangen in der Pfalz nicht. Die Pfälzer haben zum guten Teil außenpolitisch denken gelernt.« Sonst betone die BVP das Katholische und wecke »antipreußische Instinkte«, jetzt forciere sie den »typischen Vertreter des alten Großpreußen«. Politisierende Militärs seien gewöhnlich ein Unglück für ihre Völker, warnte Fincks Blatt vor dem 77 Jahre alten Sieger von Tannenberg, der 1933 Hitler die Macht überantworten sollte: »Seine militärischen Taten qualifizieren ihn noch lange nicht zum Staatsmann und Politiker.«

Hans und Cäcilie Kohl, die Eltern von Helmut Kohl

Vorläufig stabilisierte sich die Weimarer Republik. Außenminister Gustav Stresemann, nach dem diese Ära benannt ist, schloss mit seinem Kollegen Aristide Briand den Vertrag von Locarno. Von einem Silberstreifen am Horizont sprach Stresemann. Albert Finck warb in der Silvesterausgabe 1928 für den »Brückenschlag zwischen Deutschland und Frankreich«, da die Versöhnung beider Völker »dem europäischen Frieden den einzig festen und soliden Unterbau« gebe. »Wir wollen keinen Krieg mehr, weil wir von dem überstandenen genug haben.« Die Besatzungstruppen müssten jetzt gehen, lautete Fincks Forderung. Er erlebte deren diplomatische Verwirklichung im August 1929 auf der Konferenz von Den Haag. Dorthin begleitete der Journalist seinen Parteifreund Josef Wirth, den Reichsminister für die besetzten Gebiete und früheren Reichskanzler.

Auf der Konferenz von Den Haag: Chefredakteur Finck mit Reichsminister Wirth (2. u. 3. v. l.)

Im Dörfchen Hambach, das den historischen Zug von 1832 gesehen hatte, feierte Finck 1927 seine Hochzeit mit der 20-jährigen Barbara Fillibeck. Sie stammte aus einem Handwerksgeschäft, das damals im 19. Jahrhundert schon beim Wiederaufbau des Hambacher Schlosses mitgewirkt hatte. Sein Bruder, Pfarrer Johannes Finck, zog 1928 mit 39 Jahren für den Wahlkreis Bergzabern/Kaiserslautern in den Münchner Landtag ein. Rechtzeitig vor der Wahl hatten die beiden schwarzen Parteien ihren Grabenkrieg westlich des Rheins beendet und eine gemeinsame Liste aufgestellt. Der Zentrumsvertreter aus der Pfalz verstärkte folglich im Maximilianeum die Fraktion der BVP, die in Bayern während der Weimarer Zeit bei allen Wahlen immer die meisten Stimmen erzielte und den Ministerpräsidenten stellte.

Hochzeit in Hambach: Barbara und Albert Finck

Am 3. April 1930 wurde Helmut Kohl in Ludwigshafen als drittes und letztes Kind seiner Eltern geboren. Die Titelseite der Finckschen Landeszeitung von diesem Tag hängt heute eingerahmt in Helmut Kohls Haus im Stadtteil Oggersheim, einige Kilometer vom Elternhaus in Friesenheim entfernt. Drei Monate später räumten die Franzosen die Pfalz. Damit verließen die letzten fremden Truppen den Boden des Reichs, sieht man vom Saargebiet ab. »Nur einer vernünftigen deutschen Außenpolitik ist es zu verdanken, dass wir ... viereinhalb Jahre vor dem festgesetzten Termin von der Besatzung ... befreit sind«, stellte Albert Finck gegenüber der extremen Kritik an den Weimarer »Erfüllungspolitikern« klar. Er nannte neben den Namen Wirth und Marx die beiden bedeutendsten Außenminister, den 1922 ermordeten Walther Rathenau und den 1929 plötzlich verstorbenen Stresemann. Die Landeszeitung habe immer der »Notwendigkeit einer opferbringenden Verständigungspolitik das Wort geredet«, sah sich der Chefredakteur bestätigt. Er erhielt für den 19. Juli 1930 eine Einladung nach Speyer zum großen Festakt und einem Frühstück mit Hindenburg. Der Reichspräsident stattete der »befreiten« Zone seinen Besuch ab. Bei einer Feier auf Burg Landeck am 22. Juli hielt der Abgeordnete Johannes Finck vor 5.000 Menschen eine Rede, während das Luftschiff »Graf Zeppelin« über dem Klingbachtal schwebte. Die Versammlung schloss mit dem Deutschlandlied.

Derweil zogen düstere Wolken auf. Mit dem Börsenkrach von New York im Herbst 1929 brach die Weltwirtschaftskrise herein. Die Not nehme »unerhörte Formen« an, hatte Johannes Finck bereits im Frühjahr gewarnt, als die Arbeitslosigkeit im Reich auf 2,8 Millionen und in den pfälzischen Grenzbezirken auf Rekordhöhe stieg. Am 14. September 1930 erschütterte ein Erdrutsch die Parteienlandschaft und die Fundamente der Republik. Bei der

Reichstagswahl schwoll die Nationalsozialistische Deutsche Arbeiterpartei (NSDAP), 1928 noch bei 2,8 Prozent, auf 18,3 Punkte an. Eine derart gewaltige Verschiebung – im Juli 1932 sollte sich der NS-Anteil verdoppeln – gab es nie vorher oder nachher bei Parlamentswahlen in Deutschland.

Unter den 6,4 Millionen Stimmen für Hitler machten die 106 aus Darstein wenig aus. Doch das kleine protestantische Dorf in Johannes Fincks Wahlkreis konnte den zweifelhaften Ruhm beanspruchen, als erste Gemeinde im Reich zu 100 Prozent für den Nationalsozialismus votiert zu haben. Hitler gratulierte mit einem Schreiben aus München zu dem »einzig dastehenden Wahlerfolg«. Die NSDAP ernannte das Dorf symbolisch zum Ehrenmitglied, ihre Propaganda stilisierte »Klein-Darstein« später zu einem »Vorbild für Großdeutschland«. Berlin benannte nach dem Provinznest eine Straße, die es in der Bundeshauptstadt bis heute gibt. Nur einen Kilometer von Hitlers Dorf, in

Reichspräsident von Hindenburg (M.) auf der Maximilianstraße in Speyer, 1930

Hauenstein, bekamen hingegen Zentrum und BVP noch 1933 satte 92,6 Prozent, ebenfalls ein Rekord für ganz Deutschland. Hauenstein war wie Herxheim, die Heimat der Fincks, eine absolute Hochburg des politischen Katholizismus. Das extreme Fallbeispiel illustriert die Erkenntnis der historischen Wahlforschung, dass kein Kriterium die nationalsozialistischen Erfolge so stark erklärt wie die Konfession. Johannes und Albert Finck zogen daraus die Lehre, nach 1945 den kostspieligen Gegensatz zwischen »Lutherköpfen« und »Kreuzköpfen«, Protestanten und Katholiken, zu überwinden.

Der Abgeordnete Johannes Finck erlebte den Aufstieg der NSDAP in München, der »Hauptstadt der Bewegung«, unmittelbar mit. Zentrum und BVP, die beiden katholischen Parteien, fanden trotz ihrer prinzipiellen weltanschaulichen Gegnerschaft zur Hitlerbewegung kein Rezept gegen sie, wenngleich der schwarze Turm vergleichsweise stabil blieb. »Hätten sich doch alle Wähler der demokratischen Parteien so treu verhalten wie die Zentrumswähler«, bedauerte Johannes Finck rückblickend. 1932 schied er aus dem Landtag aus und wirkte seither als Seelsorger der Pfarrei Limburgerhof bei Ludwigshafen. Die Zersplitterung der politischen Mitte und die Spaltung des politischen Katholizismus erleichterten Hitlers Wahlerfolge. Am 11. August 1931 schrieb Albert Finck: »Wir brauchen in Deutschland wieder eine einheitliche, geschlossene, umfassende Deutsche Zentrumspartei.«

Natürlich unterstützte Chefredakteur Albert Finck den letzten Zentrumskanzler Heinrich Brüning, den er am 7. Februar 1931 in Berlin zu einem Gespräch aufsuchte, gemeinsam mit dem Abgeordneten Hermann Hofmann aus Ludwigshafen. Der Asket in der Reichskanzlei, den die Menschen den »Hungerkanzler« nannten, glaubte kaum

Sonderdruck

NS RHEIN FRONT Z

HERAUSGEBER: JOSEF BÜRCKEL M.D.R.

Die nationalsozialistische Tageszeitung für die Rheinpfalz und das deutsche Saargebiet

Nr. 60 | Samstag, den 12. März 1932 | 3. Jahrgang

Höchstleistungen der Wahl-Lügenbeutel!

Der Zentrumsfink läßt einen „Gewährsmann" der 22mal vorbestraft ist, zuletzt mit 6 Jahren Zuchthaus, in seiner „Zeitung" Räubergeschichten erzählen. Er sagt, er sei mit Hofmann zusammen zum „Sterben" ausersehen

Die sogenannte „Bombenaffäre" ist der große Irrwitz der Roten und Schwarzen, die jetzt schon mit den Knieen schlottern vor dem Ausgang der Wahl. Es wäre der ganzen Geschichte zu viel Ernst beigemessen, wollten wir uns mit allen Ausführungen der Roten und Schwarzen noch weiter in aller Oeffentlichkeit befassen. Wer die Geschichte, das Treiben dieser Parteien in den letzten Jahren verfolgt hat, dem braucht man nichts mehr zu erklären.

Die schwarz-rote Bombe wird am Sonntag platzen!

Das wissen die Herrschaften am allerbesten. Deshalb geht die „Neue Pfälz. Landeszeitung" — alias Dr. Fink — in ihrer Nummer vom 10. März 1932 schon todesschwanger. Dr. Fink berichtet, daß in Ludwigshafen eine SA-Führersitzung stattgefunden habe, in welcher die „Kandidaten" zusammengestellt worden seien. Man habe sich unter den SA-Leuten Ehrenwörter gegeben, zu schweigen bis in den Tod!!

Also in dieser „Sitzung" seien Urteile gefällt worden . . . und zwar stände ausdrücklich fest, daß dazu Dr. Fink und Abg. Hofmann vom Notabelnrat gehören!

Hier ist er! Man höre, was er singt am Tage vor der Wahl, der „Zentrums-Distelfink"

Das ist nun ein delikater Spaß! Der rote Fink ein Tag vor der Wahl! Glaubt da noch ein Mensch,

daß Fink kein Spaßvogel ist??

Richtig ist sicherlich, daß wir ihn „aufgeschrieben" haben. Die wir „aufgeschrieben" haben, sind alles Leute, für die man keine Bomben braucht, sondern höchstens Knallerbsen und Frösche!

Die Räubergeschichte, die Fink in seinem Blättchen aufzieht, will er von Gewährsmännern erhalten haben.

Einer aus diesem Kreis ist nahezu 2 Dutzend Mal vorbestraft, letztmals mit 6 Jahren Zuchthaus wegen Raub! Also eine richtiggehende Räubergeschichte. Die Stimme eines Zuchthäuslers wird vom Zentrum eingeschaltet und muß laut rufen: „Wählt unter keinen Umständen Hitler!"

So platzen die „christlichen" Bomben des Zentrums!

Die niederträchtige Hetze — Regie Dr. Fink — erfährt ihren Höhepunkt in dem Geschreibsel:

„die nationalsozialistische Soldateska rücksichtslos niederzuschlagen bei irgend einem Uebergriff!"

Als die Mächte hierzu führt Fink die „Eiserne Front", die „Volksfront christlicher Gewerkschaften" und den „K. S." an. Ist das nicht blutrünstige Hetze? Warum wird das Blatt wegen diesen schamlosen Verbrechen nicht beschlagnahmt?

Das steht fest:

Beim Zentrum heiligt jedes Mittel den Zweck!

So bereitet man eine Bürgerkriegshetze vor nach der Methode: Haltet den Dieb!

Am Tage nach der Wahl

Da ist der Fink „erschossen"!

Da liegt er nun und schreit nicht mehr, da liegt er nun und schreit nicht mehr, weil er erscho — ssen ist

Katholiken der Pfalz aufgepaßt:

Die Religion ist in Gefahr!

Pfarrer Franz läßt die „Nazi" Kinder „fressen", damit Hindenburg gewählt wird / Er sagt: Einen Mörder beerdigt der Priester, nicht aber einen Hitler!

Katholiken hört, was euch eure wahren Geistlichen über das Zentrum zu sagen haben:

Windthorst, der große Führer des Zentrums, erklärte im Jahre 1888 im Reichstag:

„Ich will die Sozialdemokratie bekämpfen auf Leben und Tod mit jedem gesetzlichen Mittel, denn die Sozialdemokratie ist die wahre Pest!"

Das heutige Zentrum aber setzt sich mit dieser „Pest" zusammen und kuhhandelt um Minister-Sitze, obwohl man genau weiß, daß der kath. Kirche

jährlich mehr als 120 000 Menschen durch die sozialdemokratischen Freidenkerverbände verloren gehen!

Das Zentrum regiert seit 1918 mit den Sozialdemokraten in Deutschland. Während dieser Zeit hat der sozialdemokratische Freidenker-Verband seine Organisation ausbreiten können in einer Weise, die kaum glaublich ist.

Vor dem Kriege hatte der Freidenkerverband 2800 Mitglieder. Heute hat er bereits 1 Million!

Katholiken! Dieser Klub der Gottesleugner und Kirchenschänder ist seit 14 Jahren der rote Bettgenosse der schwarzen „allerchristlichen" Zentrumspartei.

Das Zentrum, das sich als die Partei der Katholiken ausgibt lebt in sündhafter inniger Gemeinschaft mit dem größten Feind der christlichen Kirche — der Sozialdemokratie.

Geradezu unverständlich, mehr aber noch unverantwortlich ist das Verhalten gewisser katholischer Geistlicher, die sich nicht scheuen, die Kanzel zur wüsten demagogischen Zentrumsagitation zu mißbrauchen; allen Verboten, Erlassen und Briefen des obersten Leiters der katholischen Kirche — des Papstes — zum Trotz.

Sie stellen sich damit gegen den Glauben — gegen Christus

Papst Leo XIII. erklärte:

„Die Kirche in die Partei-Politik verwickeln oder sie benutzen um den Gegner zu überwinden, heißt die Religion maßlos mißbrauchen!"

Was aber tun eine ganze Reihe zentrümlicher Pfarrer?

Sie stellen sich auf die Kanzel, mißbrauchen die Heiligkeit des Ortes und die Andacht der gläubig Erschienenen, um sie mit dem Gift schamlosester Lügen zu überschütten.

Beispiele:

Der Kath. Pfarrer Alfred Scheller, Waldsee bei Speyer, erklärte am 6. März dieses Jahres von der Kanzel herunter:

„Wer Hitler wählt hat sich vorm jüngsten Gericht zu verantworten! — Das ist die größte Sünde, die ein Christ begehen kann!"

Dieser Pfarrer geht von Haus zu Haus und betreibt zentrümliche Wahlpropaganda!

Am Donnerstag erklärte Pfarrer Franz in einer Versammlung in Rodalben:

„Im „Dritten Reich" müßten von 1000 Kindern mindestens 800 sterben. Die körperlich Schwachen müßten ausforsiert werden!

Dasselbe sag auch Prälat Becker in Lingenfeld:

Herr Pfarrer Franz erklärte weiter:

„Die Nationalsozialisten werden nicht kirchlich beerdigt. Wohl aber zum Tode verurteilte Mörder, denn diese haben noch Zeit, Buße zu tun, und ihre Sünden zu bereuen!"

Vor einer solchen Erbärmlichkeit kann man nur ausspucken, kann man nur Pfui rufen! Daß das diesen Herren nicht nur eine Phrase ist, daß das auch in die Praxis umgesetzt wird, können wir an zahllosen Beispielen beweisen.

Wir erinnern nur an den „Fall" des Massenmörders Kürten, dem man gleich drei Geistliche mitgab!

Wir erinnern an den „Fall" in Konstanz, wo der Geistliche in vollem Ornat bei der Beerdigung eines Kommunisten vor der Sowjetfahne herging, um diesen Zeit seines Lebens notorischen Gottesleugner mit allen Ehren zur letzten Ruhe zu geleiten.

Aber wir erinnern auch an den Fall unseres Pg. Emetuber in Frankfurt a. M., der von einem Herzschlag getroffen jäh aus dem Leben scheiden mußte, dem lt. einer Verfügung des Bischofs Hugo von Mainz kein katholischer Geistlicher beerdigen durfte. Ein evangelischer Pfarrer hielt die Grabrede vor 30000 deutschen Volksgenossen.

Die ganze christliche Welt hätte vor Empörung aufschreien, das Zentrum aber ließ sich mit hämischem Grinsen von der Sozialdemokratie die Zufriedenheit versichern.

Der Pfarrer Schwinde, Schirmitz, erklärte öffentlich:

„Jeder Sozialdemokrat ist mir hinten lieber als ein Nationalsozialist von vorn!"

In ihrem blinden Haß auf die Nationalsozialisten vergessen diese Herren „Seelsorger" die elementarsten Begriffe von Anstand und Würde.

Wir bringen Tatsachenmaterial!

Wir haben für alles Belege in den Händen! Jeder gläubige Christ, jeder ehrliche Katholik wird sich voll Ekel vom Zentrum wenden, wenn er erst einmal erkannt hat, daß

das Zentrum Wegbereiter des Bolschewismus

ist.

Wir wollen die Warner sein in letzter Stunde. Der Bolschewismus klopft bereits an die Pforten Deutschlands und der Endkampf um Sein oder Nichtsein der Religion hat begonnen.

Katholiken hört, was der Zentrums-Agitator Pater Symaci in einer Wahlversammlung erklärte! Es ist eine Spitzenleistung der Glaubensschändung:

„Christus ist der Generalvorsitzende der Zentrumspartei, die Zentrumsvorsitzenden sind seine ausführenden Werkzeuge. Christus hat maßlose Opfer gebracht im Interesse der Menschheit, besonders als er für diese sein Leben am Kreuze hingab. Das war Zentrumspolitik en gros. Gegen Christus gibt es deshalb auch keine Neutralität oder Passivität, diese gibt es auch nicht gegen die Zentrumspartei!"

Zeit für Begegnungen draußen im Lande zu haben, wie er Finck am 17. Januar geschrieben hatte: »Ich würde herzlich gern schon bald einmal nach Ludwigshafen kommen, um die treue Pfälzer Bevölkerung und alle meine Freunde dort zu begrüßen. Leider werde ich aber meine seinerzeit gegebene Zusage nicht so schnell einlösen können. Sie gerade werden am besten ermessen können, wie viel Arbeit auch im neuen Jahr wieder auf mir lastet und dass ich kaum von Berlin abwesend sein kann.«

Reichspräsident Paul von Hindenburg ersetzte den Reichskanzler Heinrich Brüning, dessen Einsatz er die Wiederwahl 1932 gegen Adolf Hitler maßgeblich zu verdanken hatte, kurz darauf durch Franz von Papen und ein Präsidialkabinett ohne jeden parlamentarischen Rückhalt. Das Zentrum war nicht länger an der Regierung beteiligt. Johannes Finck wehrte sich am 19. Oktober 1932 in der Neuen Pfälzischen Landeszeitung gegen den Niedergang der Demokratie: »Die katholischen Politiker, die heute gegen das System Papen kämpfen, weil sie in ihm eine Bedrohung der politischen Volksrechte und Volksfreiheit sehen, stehen voll und ganz auf dem Boden bester Zentrumstradition.« Mit Gespür für die epochale Gefahr zitierte der Abgeordnete aus einer Rede des Zentrumsführers Ludwig Windthorst von 1878, der Zeit des Kulturkampfes: »Wir werden fortfahren, die Fahne bürgerlicher Freiheit auch dann hoch in den Lüften flattern zu lassen, wenn wir einsam und allein sie tragen müssen.« Aus dieser demokratischen Gesinnung heraus habe Ludwig Windthorst das Zentrum stets als Verfassungspartei begriffen. Auch jetzt halte sie »gegenüber jeder Neigung zu absolutistischen oder Diktaturmethoden an der verfassungsmäßigen Regierungsart fest«, so Finck. Mit heiligem Zorn auf Papens »Kabinett der Barone« fuhr er fort: Wenn Windthorst heute leben würde, wäre er ein »radikaler Gegner jener Herrenkaste, die unter Missachtung aller durch die Verfassung verbrieften Volksrechte wieder die Herrschaft an sich reißen will«.

In der Endphase der Republik sympathisierte die Landeszeitung mit dem »sozialen General« und Reichskanzler Kurt von Schleicher. Das Treffen Hitlers und Papens bei einem Bankier in Köln am 4. Januar verurteilte Albert Finck treffend als »Kulissenspiel eines Haufens rücksichtsloser Intriganten«. Hitlers Kanzlerschaft am 30. Januar 1933 interpretierte er irrtümlich zunächst als Sieg der Deutschnationalen um Hugenberg. Diese reaktionären Rechten würden den politischen Katholizismus hassen aus ihrer »konfessionellen Engstirnigkeit, aus ostelbischer Anmaßung und Überheblichkeit«, aus einer »bewusst antisozialen Haltung«. Albert Finck hoffte, dass in den süddeutschen Ländern »nach wie vor ein anderer Geist führend« sein werde.

3. Kapitel

»Dreckfink« im Dritten Reich

1933-1939

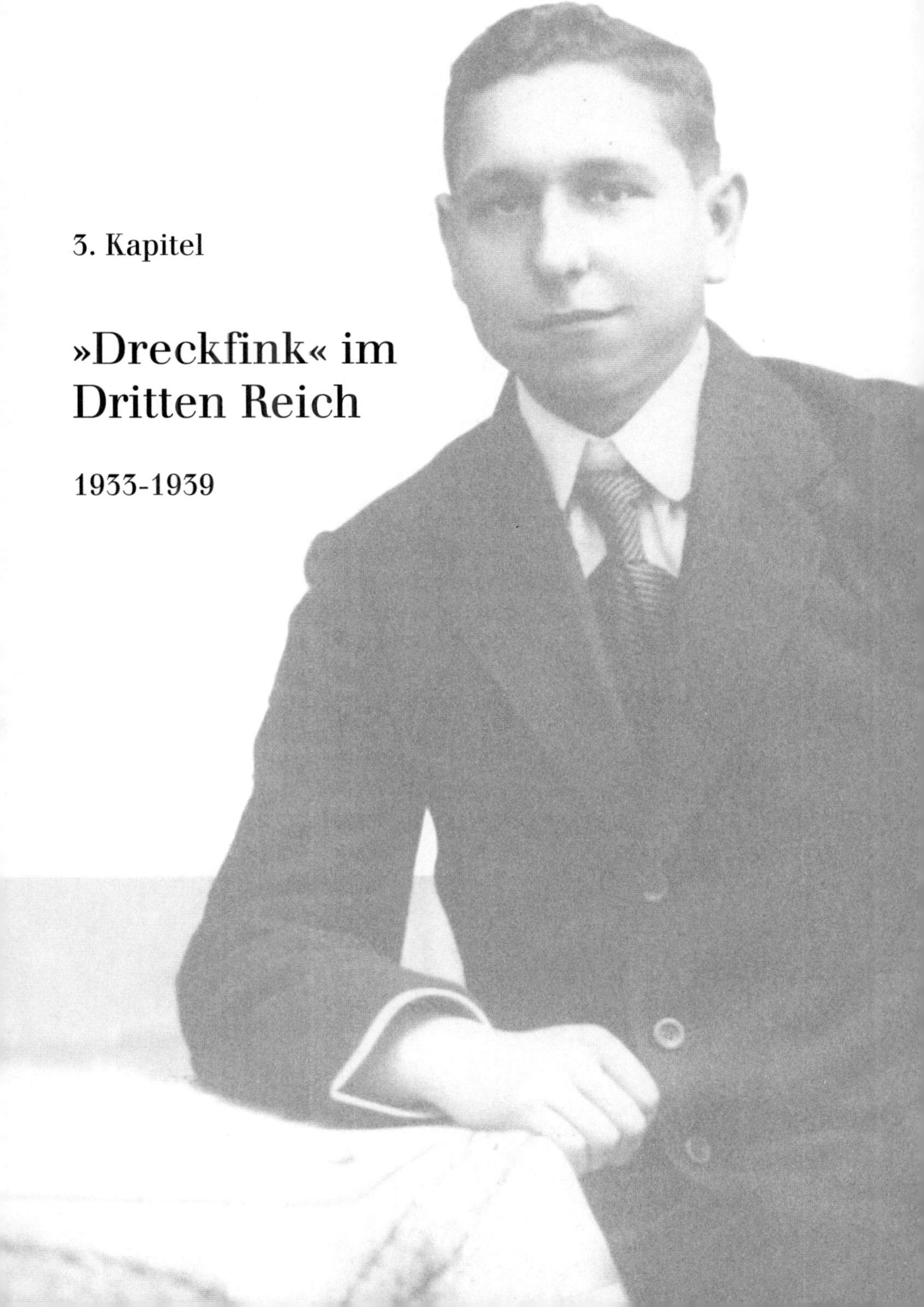

Gazetten, sollen sie interessieren, dürfen nicht genieret sein.

Friedrich der Große

Aufruhr in der Bismarckstraße: Etwa 50 SA- und SS-Männer besetzen am 10. März 1933 die Landeszeitung in Ludwigshafen. In der Nacht zuvor haben die Nationalsozialisten in Bayern, dem letzten noch nicht von ihnen regierten Land, die Macht an sich gerissen. Reichsinnenminister Wilhelm Frick, gebürtig aus der Nordpfalz, hat Franz Ritter von Epp zum Reichskommissar in München ernannt. Dort bringen die SS-Führer Heinrich Himmler und Reinhard Heydrich, später hauptverantwortlich für den Massenmord an den europäischen Juden, die bayerische Polizei unter ihre Kontrolle. Sie hat bisher keinen Straßenterror geduldet, wie ihn die Sturmtruppen der Revolution, SA und SS, sonst überall inszenieren. Drastisch bekommt Albert Finck nun die Willkürherrschaft zu spüren. Das Rollkommando verlangt die Herausgabe der Fahne Schwarzrotgold, die auf dem Verlagshaus weht, und das Hissen des Hakenkreuzes. Die Zeitung solle ihren Widerstand gegen das neue Regime aufgeben und unter Vorzensur erscheinen. Weil sich Finck und seine Freunde nicht zu Handlangern machen lassen, tauschen SA und SS selbst die Flaggen aus und halten den Betrieb besetzt. Den widerspenstigen Chefredakteur nehmen sie vorübergehend in »Schutzhaft«, wie das Modewort heißt. Die Redaktion muss eine vorgefertigte Erklärung abzeichnen, dass sie sich loyal gegenüber der Regierung verhalten werde. Erst am 13. März räumt die braune Kolonne den Verlag.

Finck ließ sich vom Terror der Nazis nicht einschüchtern. Unbeirrt klärte er die Leser am 14. März über die Ereig-

Am 10. März 1933 von Nazis besetzt: das Verlagshaus der Landeszeitung in Ludwigshafen

nisse auf, die er offen als Verstoß gegen die Meinungs- und Pressefreiheit anprangerte. Das Hakenkreuz sei wieder verschwunden, vermeldete er kühl: »Wir selbst hissten dann die bayerische Landesflagge und die durch eine Verordnung des Reichspräsidenten ... wieder eingeführte schwarz-weiß-rote Flagge«. Typisch Finck, dass er dann den braunen Provokateuren sein Leitmotiv aus der Nationalhymne entgegnete. Hitler konnte sie schlecht verbieten, ließ aber bald nur noch die erste Strophe schmettern. Anschließend folgte immer das Horst-Wessel-Lied, der Weihemarsch des Dritten Reiches. »Die dritte Strophe des Deutschlandlieds enthält die Worte: Einigkeit und Recht und Freiheit«, erinnerte Albert Finck. »Wir sind dafür, dass möglichst alle gutwilligen ... Kräfte zur Überwindung der großen wirtschaftlichen und politischen Krisis der Gegenwart geeinigt werden.« Die Einigkeit könne aber nur »auf dem Boden des Rechts und der Freiheit« erreicht werden, schrieb der aufrechte Demokrat den Protagonisten der Diktatur ins Stammbuch: »Eine Politik, die sich ihrer Sache sicher ist und Vertrauen hat zur Güte ihre Grundsätze, braucht die Freiheit der Bürger nicht zu fürchten.«

Seit dem 30. Januar 1933 hatte sich der Journalist unerschrocken mit den neuen Herren des Reiches angelegt. Er verteidigte seine Werte Vaterland und Religion vor dem Zugriff Adolf Hitlers. Die »nationale Regierung« werde »in vier Jahren die Schuld von 14 Jahren wieder gutmachen«, erklärte der neue Reichskanzler Hitler am 1. Februar im Rundfunk. Nicht ohne den Segen des »allmächtigen Gottes« zu bemühen, kündigte er Neuwahlen an. Albert Finck nannte die von Hitler vorgeschobenen Gründe, den erst im November 1932 gewählten Reichstag aufzulösen, »völlig unhaltbar«. Die Regierung treibe das Volk in einen »unheilvollen Wahlkampf« und wolle die katholischen Parteien dabei überrennen, kommentierte er die Rede. Sie enthalte sachlich wenig Positives, vielmehr eine »ziemlich ausgedehnte und teilweise recht wüste Polemik«. Außenpolitisch sei sie sehr dürftig und schwach gewesen. Entschieden widersprach er der Darstellung des Demagogen, als ob die deutsche Krise auf der Novemberrevolution und einer schlechten Nachkriegspolitik beruhe. Gegen diese Dolchstoßlüge argumentierte Finck sachlich richtig, dass die Niederlage 1918 ihre Ursache hauptsächlich in der »miserablen« Diplomatie vor dem Krieg gehabt habe, da sie dem Reich eine »Welt von Feinden« bescherte. Außerdem sei die Militärstrategie unzulänglich gewesen. Der Grund für die Katastrophe des Kaiserreichs sei »mehr bei der damaligen Führung« zu suchen, stellte Albert Finck lakonisch fest und verglich Hitlers pseudoreligiöse Rhetorik mit Wilhelm II., der ebenfalls »so oft und so gerne Gottes Hilfe für seine nicht immer sinnvolle und christliche Politik öffentlich in Anspruch nehmen wollte«.

Es ehrt Albert Finck, dass er während des Wahlkampfs 1933 nie in die Abgesänge auf das demokratische »System« einstimmte, sondern eine letzte Lanze für die erste Republik brach. Der Staat von Weimar sei »kein Gebilde der Revolution, sondern die Überwindung der Revolution«. Finck wies den Versuch der selbst ernannten Retter des Vaterlands zurück, diesem »geordneten Rechtsstaat« und der ihn maßgeblich tragenden Zentrumspartei jeglichen Erfolg abzusprechen. Immerhin sei Deutschland nach 1918 nicht zerstückelt, das linke Rheinufer nicht abgetrennt und die Ruhrindustrie nicht zerstört worden.

Mit dem Rücken zur Wand, mobilisierte Schwarz gegen Braun für die Reichstagswahl am 5. März 1933 alle Reserven. Pfarrer Johannes Finck ließ sich Mitte Februar beim Parteitag des pfälzischen Zentrums erneut zum Zweiten Vorsitzenden küren und bestritt eine Reihe von Redeauftritten. Die Nazis störten gegnerische Versammlungen. Bei der zentralen Kundgebung mit Ex-Kanzler Brüning am 20. Februar in Kaiserslautern fielen aus einem Hinterhalt Schüsse und verletzten 13 Männer der Pfalzwacht, davon drei schwer (die Pfalzwacht war eine Schutzorganisation wie die Bayernwacht oder das Reichsbanner Schwarzrotgold). Unter der Überschrift »Kampf dem politischen Mord!« wies Albert Finck auf die Parallele zwischen den beiden totalitären Bewegungen des 20. Jahrhunderts hin: »Kommunisten und Nationalsozialisten treffen sich auf derselben politischen und moralischen Ebene, wenn sie den politischen Gegner niederzuknüppeln versuchen.« Er erteilte den Schlägertrupps, Saalschlachten und Mordanschlägen eine Absage: »Ein Feuerüberfall gar auf demonstrierende Gegner ist für uns ein Ding der Unmöglichkeit. Wir wehren uns aber dagegen, dass man uns unsere staatsbürgerlichen Freiheiten nehmen will ... Wir werden dieses unser Recht bis zum Äußersten verteidigen.«

Ganz im Sinn der Schlagzeile »Den Mutigen gehört die Welt« in der Landeszeitung vom 25. Februar 1933 scheute er keinen Konflikt mit dem mächtigsten Mann der Region, Gauleiter Josef Bürckel. Finck strengte gegen ihn als Herausgeber der »NSZ Rheinfront« ein Gerichtsverfahren an. Zwei Tage vor dem Wahlsonntag entschied das Landgericht Frankenthal per einstweiliger Verfügung, dass Bürckels Parteiblatt den Leutnant der Reserve nicht mehr als »Bolschewiki-Rockträger, Bolschewiki-Fink oder Bolschewiki-Fink-Rockträger« diffamieren dürfe. Albert Finck hatte seinen Antrag damit begründet, dass ihn diese haltlosen Verleumdungen »besonders in nationaler Hinsicht« auf das Schwerste schädigen.

An Hitlers Ziel gab es für ihn keinen Zweifel mehr: »Die Eroberung der Alleinherrschaft und die Errichtung einer Hakenkreuzdiktatur in Deutschland«. Die Andersdenkenden müssten jetzt wählen, ob sie »in schwächlicher Resignation und unmännlicher Feigheit sich dem Hakenkreuz beugen«. Oder ob dieser Teil des Volkes »aufrecht und selbstbewusst auch gegenüber dem Nationalsozialismus seine politischen und kulturellen Rechte und Freiheiten

Hetze der nationalsozialistischen Zeitung »NSZ Rheinfront« am 18. Februar 1933

Dr. Fink will die Wahrheit nicht hören!

Unverbesserliche Sünder können es nie ertragen, wenn ihnen ihre alten und verhängnisvollen Fehler vorgehalten werden. Zu dieser Sorte Menschen gehört auch der Schriftleiter von der „Neuen Pfälzischen Landeszeitung", Dr. Fink. Seit Jahr und Tag beschimpft und verleumdet er, genau wie seine anderen schwarzen Kollegen in ganz Deutschland, die nationalsozialistische Bewegung und alles was mit Deutschlands Erneuerung zusammenhängt. Nur ganz kurze Zeit, als die Führer des Zentrums mit Hitler in Verhandlungen standen, unterließ er es, scheinbar auf höhere Weisung. Kaum war jedoch die neue Regierung an der Macht — ohne das Zentrum, Gott sei Dank! — da schoß der Herr Dr. Fink wieder los! Am meisten schmerzt ihn heute der deutsche Rundfunk. Ja, das waren noch Zeiten, als ein Dr. Brüning im Berliner Sportpalast in Zentrumsversammlungen gegen die „Phrasen" der Hitlerbuben wetterte und diese „Reden" auf die deutschen Sender übertragen wurden. Damals sprach Dr. Fink nicht vom „schwarzen Rundfunk"! Heute, nachdem sich das Blatt gedreht hat, kennt die Wut dieser christlichen Herren keine Grenzen! Die Wahrheit können sie schon gar nicht vertragen. Giftig und wutentbrannt saß der Herr Schriftleiter Dr. Fink am Donnerstag mit noch einigen Glaubens- und Gesinnungsgenossen im Bahnhofrestaurant Ludwigshafen, als die Rede unseres Führers aus der Stuttgarter Festhalle übertragen wurde. Getreulich seiner, in der „schwarzen Kattel" ausgegebenen und auch von katholischen Geistlichen in der Kirche propagierten Parole „Radio abstellen, wenn Hitler spricht, hatte der Herr Dr. Fink die Unverschämtheit, ohne Rücksicht auf die übrigen Gäste dieser Wirtschaft, die Abstellung der Uebertragung zu verlangen.

Dieser saubere und so gutchristliche Herr ließ sich auf keinerlei Einwände der Wirtin ein und drohte damit, daß er im Weigerungsfalle dafür sorgen würde, daß kein Katholik mehr die Bahnhofswirtschaft betreten würde. Das sind die geistigen Waffen, mit denen Herr Dr. Fink den politischen Kampf geführt haben möchte! Wenn die übrigen Gäste genau so unduldsam und gemein sein wollten wie dieser christliche Herr, hätten sie ihm sein Verhalten mit einer gut sitzenden Ohrfeige quittiert.

Herr Dr. Fink! Die Vorgänge in Preußen zeigen Ihnen täglich, daß wir Nationalsozialisten nichts, aber auch garnichts vergessen. Bedenken Sie, daß es auch über Nacht im schwarzen Bayern anders sein kann! Dann wären Sie allerdings nicht mehr in der Lage in öffentlichen Wirtschaften Radios abstellen zu lassen, wenn der deutsche Reichskanzler dem Zentrum seine Verbrechen vorhält. Die Wahrheit können Sie nicht vertragen und suchen sie durch Drohungen mit wirtschaftlichem Boikott zu unterbinden. Aber auch das wird — schneller vielleicht als Ihnen lieb ist! — bald aufgehört haben.

Herr Dr. Fink! Sie rufen in der Nr. 41 der „N. Pf. L. Z." Joseph Görres als Zeugen gegen Unduldsamkeit, Gehässigkeit und Scheelsucht an! Ihr Verhalten in der Bahnhofwirtschaft hat verdammt viel Aehnlichkeit mit Unduldsamkeit und Gehässigkeit! Ein solches Doppelgesicht steht einem so streng religiösem und gut christlichen Mann wie Ihnen aber auch gar nicht. Und von „recht unchristlicher und undeutscher Vergewaltigung der geschichtlichen Wahrheit" durch den evang. Bund schreiben sie auch noch! Aber Herr Fink! Da hätten Sie sich doch besser Hitler angehört!

geltend machen und behaupten will«. Ein Ausweichen gebe es nicht mehr, nur noch »ein tapferes Kämpfen und Siegen oder einen feigen Rückzug und Untergang«. Entschieden demokratisch formulierte er: »Wir werden uns nie und nimmer mit der Diktatur eines Mannes oder einer Partei abfinden.« Die Menschen honorierten die klare redaktionelle Linie; erfreut verzeichnete Finck einen »recht beträchtlichen« Zuwachs an Abonnenten.

»Trage am 5. März das Kreuz Christi voran gegen Hakenkreuz und Sowjetstern!«, appellierte die Landeszeitung am Vorabend der Wahl an das »katholische Volk«. Das Ergebnis konnte sich sehen lassen. Bei Rekordbeteiligung behaupteten Zentrum und BVP sich mit 13,9 Prozent, doch die Hitlerbewegung gewann 43,9 Prozent. »Der Zentrumsturm steht, allen Stürmen und Angriffen zum Trotz«, stellte Finck heraus. In der Pfalz holten die beiden schwarzen Parteien 12.500 Stimmen mehr als 1932, obwohl die NSDAP hier ihren Kampf »fast vollständig und ausschließlich« gegen den politischen Katholizismus ausgerichtet habe. Nobel bescheinigte Finck der SPD, die um 2,1 auf 18,3 Prozent fiel, ein respektables Ergebnis »trotz aller Verfolgungen, die sie erdulden musste«. Er verlangte von Hitler nun Arbeit statt Agitation. Allein mit »polizeilichen Gewaltmethoden und mit der schneidigen Eroberung der staatlichen Machtpositionen« sei es nicht getan.

Das Beharren auf Rechtsstaatlichkeit zog sich wie ein roter Faden durch das Schaffen des Journalisten in der ersten Hälfte des Jahres 1933. Noch wahrte Hitler den Schein der Legalität. Er führte Begriffe wie Ruhe und Ordnung ständig im Mund, um sie in der Praxis zu pervertieren. Der Regimekritiker Albert Finck suchte hier die Schwachstelle: Er pochte auf die Verfassungsrechte. Der Schlag der SA und SS vom 10. März 1933, der an den Sturm der Separatisten auf die Landeszeitung neun Jahre zuvor erinnerte, raubte ihm manche Illusionen. Während fast alle anderen Blätter sich mit den Machthabern arrangierten, bewahrte die große Zentrumszeitung der Pfalz ihren kritischen Abstand. Ein Leser aus Mannheim dankte dem Schriftleiter für den »mutigen, herzhaften, bei aller Sachlichkeit erfreulich aggressiven Ton«, mit dem er den Wahlkampf geführt habe. Dass Finck auch danach nicht die Sprache verloren habe, gehöre zu den »wenigen Lichtblicken dieser dunklen Zeit«. Die Lektüre der Landeszeitung sei »erhebend in dem Wust von Lüge und Feigheit, mit dem wir überschüttet werden«.

Am 23. März erhielt Hitler durch das Ermächtigungsgesetz freie Hand für die Diktatur. »Damit hat das Dritte Reich in aller Form und in voller Realität seinen Anfang genommen. Der Staat von Weimar gehört der Vergangenheit an«, bilanzierte Finck nüchtern in seiner Zeitung. Gewunden erläuterte er, warum die Zentrumsfraktion im Reichstag dem Gesetz zugestimmt hatte. Die Partei habe seit Windthorst konstruktiv am Aufbau Deutschlands mitgearbeitet. Sie wolle auch jetzt ihre Dienste nicht versagen, »so weit sie dies mit ihrem religiösen, nationalen und sozialen Gewissen zu vereinbaren vermag«. Hitlers Verlogenheit verkennend, hoffte Finck auf Grund der Zusagen des Reichskanzlers, dieser werde eine »irgendwie geartete Mitarbeit des Zentrums« am Staatsleben akzeptieren. Finck erkannte aber zwischen NSDAP und Zentrum nach

Gauleiter Bürckel (l.) mit Adolf Hitler bei einem Besuch des Westwalls 1938

wie vor in »verschiedenen wesentlichen Punkten einen ganz gewaltigen Unterschied«. Er wollte weiter »die kritische Sonde« an die Regierung angelegt wissen und gerade vom weltanschaulichen Gesichtspunkt noch mehr mit dem Nationalsozialismus »die Klingen kreuzen«.

In einem seiner letzten Leitartikel am 30. März 1933 meldete er erneut Widerspruch an, was zunehmend riskanter wurde. Finck verwendete abermals die dritte Strophe des Deutschlandliedes als zuverlässige Richtschnur seines Denkens. Wegen der außenpolitischen Situation sei eine »wahre Volksgemeinschaft« im Innern zu begrüßen. Doch könne »ein Volk nur dann sein Recht und seine Freiheit nach außen siegreich erkämpfen und wirksam verteidigen, wenn es in Würde und Freiheit innenpolitisch geeinigt ist«. Finck beharrte mutig auf seinem Credo: »Wir singen nicht umsonst: ›Einigkeit und Recht und Freiheit sind des Glückes Unterpfand.‹ Das gilt nach außen und nach innen!« Deutschland müsse brüderlich zusammenhalten: »Wir wollen aber auch ein freies Volk sein.«

Selbst als Ende März 1933 die deutschen Bischöfe ihre Gläubigen zur »Treue gegenüber der rechtmäßigen Ob-

Ludwigshafen a. Rh., Freitag, 26. Mai 1933

Neue

Verkaufspreis der Einzelnummer 10 Pfennig

Pfälzische Landes-Zeitung

Organ für Kultur, Politik und Volkswirtschaft

Erscheint täglich (mit Ausnahme der Sonn- und Feiertage) und hat verschiedene Beilagen

Hauptschriftleiter: Dr. A. Fink / Verantwortlich für Politik: Dr. A. Fink, Feuilleton: i. V. Dr. A. Fink, Handel: Dr. A. Fischer, Lokales, Pfälzisches, Sport und Allgemeines: K. Baade, Inserate und Reklameteil: F. Hauck, sämtliche in Ludwigshafen a. Rh. Druck und Verlag: Pfalzdruckerei und Verlag G. m. b. H., Ludwigshafen a. Rh.

Nummer 119 | Hauptgeschäftsstelle und Redaktion: Ludwigshafen-Rh., Bismarckstr. 45, Fernsprecher 60916–19 / Geschäftsstelle für die Westpfalz: Kaiserslautern Eisenbahnstr. 58, Fernsprecher 255, für die Südpfalz: Landau / Hauptagenturen: Frankenthal, Foltzring 7?, Neustadt-Hdt., Pirmasens, Herzogstr. 40, Zweibrücken, Kaiserstr. 19 | 12. Jahrgang

„In einem Namen nur ist Heil"

Festrede des H. H. Marianus Vetter (Dominikanerpater) auf dem Katholikentag in Ludwigshafen – Thema: „Sendung der deutschen Volksgemeinschaft im Königtum Christi" – Forderung: Wir wollen wieder „Christi Reichsvolk" werden rigkeit« mahnten, verstummte die kritische Stimme aus Ludwigshafen nicht. Finck konnte zwar der »NSZ Rheinfront«, die auf primitive Weise gegen ihn hetzte, nicht in gleicher Münze zurückzahlen. Er reagierte aber mit den Waffen der Ironie und des Wortwitzes. Mit der pfiffigen Schlagzeile über einem Bericht zu einer religiösen Veranstaltung legte die Zeitung am 26. März, für alle Leser erkennbar, zugleich ein politisches Bekenntnis ab: »In einem Namen nur ist Heil!«

Zunehmend setzte das Regime die katholische Presse unter Druck. Andere oppositionelle Organe waren schon mundtot gemacht. »Auf zehn Tage verboten«, hieß es am 31. Mai 1933 auf den leeren Seiten der Landeszeitung. Sie offenbare »den Geist des Widerspruchs und des Sichversagens gegen Geist und Willen der nationalen Regierung«, begründeten die Zensurbehörden das Verbot. Sie monierten eine Titelgeschichte vom 29. Mai über die Schulpolitik, die »die Auffassung weiter nationaler Kreise marxistischen Methoden gleichgestellt« habe. Listig verglich jener Artikel den »berüchtigten« Schulerlass des »sozialistischen« Kultusministers Johannes Hoffmann von 1919 in Bayern mit Bürckels Bestrebungen, die Konfessionsschulen gegen die »religiöse Überzeugung weitester Volkskreise« zu beseitigen. Der antiklerikale Gauleiter Josef Bürckel wütete in der »NSZ Rheinfront« am 30. Mai 1933 gegen die »Verschlagenheit und Gerissenheit« seiner Erzfeinde. Wer die Landeszeitung gelesen habe, »wird wohl den Pferdefuß erkannt haben. Darum Schluss mit diesen überlebten Bestrebungen«. Bürckel entfesselte ganz ungeniert einen »Versammlungsfeldzug« gegen die Deutsche Zentrumspartei in der Pfalz. Seine nationalsozialistischen Ortsgruppenführer wies er öffentlich an, ihm binnen zwei Wochen eine Liste aller Abonnenten der Finck'schen Gazette vorzulegen.

Gegen diese Jagd protestierte der Zeitungsverlag schriftlich bei Reichsminister Frick und dem bayerischen Statthalter Epp, die mit dem Gauleiter rivalisierten. Die Existenz eines Unternehmens mit 50 Beschäftigten und 200 Austrägern sei durch solch »schwere Eingriffe in die Rechte der Privatwirtschaft« gefährdet. Der Hilferuf nach Berlin und München stachelte Bürckels Hass weiter an. Die letzte widerspenstige Zeitung in seinem Gau übte nicht nur unbequeme Kritik, sondern stellte zudem eine lästige Konkurrenz für sein expandierendes Presseimperium dar.

Keinen Monat danach eskalierten die Spannungen mit der Festnahme Albert Fincks. In seinem Brief aus dem Gefängnis an einen Rechtsanwalt deutete er »die geradezu katastrophalen Vorgänge« am 27. Juni 1933 im Verlagshaus vorsichtig an: »Die waren wirklich schlimm.« Für den Schutzhäftling folgten mehr als zwei Wochen der Ungewissheit über sein Schicksal und voller Sorgen um seine junge Familie. Seit knapp zehn Monaten war er Vater eines Mädchens namens Maria Regina Elisabeth. Den Journalisten drückten, wie seine Zeitung, überdies finanzielle Probleme. Er hatte gutmütig für die Schulden von zwei Bekannten gebürgt, und angesichts der trüben Zukunftsaussichten meldeten jetzt Gläubiger ihre Ansprüche an.

Am 5. Juli 1933 untersuchte ein Arzt den Gefangenen und sagte ihm, dass er für das bayerische Konzentrationslager Dachau vorgeschlagen sei. »Ich habe ein sehr bitteres Gefühl«, teilte Finck seiner Frau tief beunruhigt mit: »Ob ich Dachau überleben könnte, weiß ich nicht.« Er versuchte das Schlimmste abzuwenden und verständigte auch seinen stets hilfsbereiten Bruder, Pfarrer Johannes Finck, der aber als ehemaliger Abgeordneter und führender Zentrumsvertreter selbst vom 30. Juni bis 5. Juli 1933 auf die Liste der Schutzhäftlinge geraten war und lediglich als »beurlaubt« galt.

Albert Fincks Ehefrau Barbara hatte für ihren Mann unter anderem am 3. Juli einen Bittgang zu einem SS-Sturmbannführer und Sonderbeauftragten bei der Polizei in Ludwigshafen unternommen. Von Hambach aus suchte Barbara Finck über Verwandte in Neustadt auch Kontakt zu dem dort wohnenden Gauleiter Bürckel. Letztlich entging Finck knapp dem Abtransport ins KZ. Dankbar für sein Glück, hat er auf die Entschädigung verzichtet, die dem

Momente privaten Glücks in einer schrecklichen Zeit: Albert Finck mit der 1932 geborenen Tochter Elisabeth

politisch Verfolgten nach 1945 zugestanden hätte. Seinen Mut ließ Finck in der Zelle ohnehin nicht sinken: »Trotz allem, was jetzt über dich und mich hereinbricht, dürfen wir nicht verzweifeln. Es wird ... sicherlich eine Möglichkeit geben, von Grund auf neu aufzubauen. Ich bin zu jedem Opfer bereit«, schrieb er der Frau. Als sein Mithäftling August Heller, Geschäftsführer der Landeszeitung, das Gefängnis verlassen durfte, schöpfte er Zuversicht: »Hoffentlich schlägt auch für mich bald die erlösende Befreiungsstunde.« Vorerst blieb ihm aber »nichts anderes übrig als mit christlicher Geduld auszuharren«. Am 12. Juli 1933, nach 16 Tagen, wurde er »vorzeitig« entlassen.

Unterdessen hatte das Regime dem politischen Katholizismus den Garaus gemacht. Nach einer Welle von Verhaftungen lösten Zentrum und BVP sich Anfang Juli 1933 auf, kurz nach dem Verbot der SPD. Die katholische Tagespresse verlor ihren Rückhalt, zumal das Konkordat zwischen Berlin und Rom am 20. Juli nur die Bistumsblätter unter Schutz stellte. Bei der Landeszeitung kam es zu Kontroversen über den Kurs. Der dezimierte Aufsichtsrat hatte den Hauptschriftleiter während der Haft aus dem Impressum gestrichen. Durch diesen vorauseilenden Gehorsam gegenüber den Machthabern fühlte sich Finck im Stich gelassen. Besonders die »sittliche Rohheit« einzelner »Freunde« enttäuschte ihn. Im August nahm er seine Arbeit wieder auf, doch am 22. September 1933 kündigte ihm der Aufsichtsrat zum Jahresende. Finck wehrte sich mit juristischen Mitteln gegen den Rauswurf. Nachdem die NSZ am 5. Oktober erneute Angriffe auf ihn startete, verlangte der Betriebszellenwart der Landeszeitung vom Aufsichtsrat, den Chefredakteur fristlos zu entlassen, »da wir in der Schreibweise des Herrn Dr. Finck eine Gefährdung des Betriebs erblicken«. Albert Finck meisterte aber die internen Querelen mithilfe seines Bruders Johannes.

Kurz vor Weihnachten verbot die Zensur die Landeszeitung wieder für drei Tage, weil sie über die Verfolgung von drei Münchner Geistlichen berichtet hatte. Albert Fincks unbeugsame Haltung wurde am 2. Juli 1934 erneut aktenkundig. Weil der Vorkämpfer von Einigkeit, Recht und Freiheit sich demonstrativ beim Horst-Wessel-Lied »Die Fahne hoch!« nicht erhoben hatte, wurde er angezeigt. Welch ein hintersinniger Akt der Verweigerung, denn unmittelbar zuvor hatten Hitler und die SS beim so genannten Röhm-Putsch mörderisch mit der SA abgerechnet. Es gab gerade jetzt keinen Anlass, das NS-Weihelied auf einen SA-Sturmführer die Ehre zu erweisen. Wessel war 1930 bei Streitigkeiten mit Kommunisten umgekommen; die Nazis hatte ihn zum Märtyrer der Bewegung stilisiert. Finck wurde zu einer Geldstrafe von 42 Reichsmark verurteilt, danach amnestiert. Ihn empörte noch viele Jahre später, dass die Nationalsozialisten ihr »geistloses und stilwidriges Landsknechtlied« auf eine Stufe mit der Haydn-Hoffmann'schen Hymne stellten.

Neue
Pfälzische Landes-Zeitung
Organ für Kultur, Politik und Volkswirtschaft

12. Jahrgang

Auf zehn Tage verboten

Die Polizeidirektion Ludwigshafen a. Rh. erläßt folgende Anordnung:

Die Tageszeitung **„Neue Pfälzische Landes-Zeitung"** wird mit Wirkung vom 31. 5. 1933 auf die Dauer von 10 Tagen d. i. **bis einschließl. 9. 6. 1933 verboten.**

Ludwigshafen a. Rh., den 30. Mai 1933.

Polizeidirektion

Durch ständige Verbote zermürbte die Zensur die Finck'sche Zeitung (Titelseite vom 31. Mai 1933)

Bis 1935 genoss die katholische Presse in der Pfalz noch eine Schonfrist, da Josef Bürckel, Hitlers Saarbeauftragter, um das katholische Wahlvolk im Nachbargebiet warb. »Deutsch ist die Saar – Tag der Freiheit«, bejubelte auch die Landeszeitung am 15. Januar 1935 die überwältigende Mehrheit für die Heimkehr ins Reich. Immer mehr beschnitt das Propagandaministerium den journalistischen Freiraum. Es lenkte die Presse systematisch, um sie zum bloßen Herrschaftsinstrument zu machen. Jeden Tag gab es enge Vorgaben aus Berlin. Das Schriftleitergesetz bot dem Regime die Handhabe, missliebige Leute zu entfernen – die Luft wurde dünn für einen Mann wie Finck.

Zudem tauchten Werber in NS-Uniform bei den Abonnenten seiner Zeitung auf und drohten mit politischen Druckmitteln. Von 18.350 Exemplaren im Jahr 1933 sank die Auflage auf 8.150 im folgenden Jahr. Doch die »schwarze Kattel«, wie man sie nannte, spürte 1935 wieder einen Zugang, während laut Regierungsbericht vom 8. April die NSZ und konforme bürgerliche Blätter beträchtlich an Auflage verloren. Die Lageberichte zeigen, wie Finck gegängelt wurde. Sogar ein Beitrag über den Osterglauben fiel der Zensurschere zum Opfer, da nicht mit »den Anschauungen des nationalsozialistischen Staates« vereinbar. Im Mai 1935 monierte die Behörde einen Artikel über die Wallfahrt nach Oggersheim. Der »schwere Verstoß« bestand in dem Satz: »Die katholischen Jungmänner haben den Mut, es zu sagen und zu denken: Die Welt muss katholisch werden, erneuert in Jesus Christus, dem König.«

Am 4. Juni 1935 enthob das Berliner Propagandaministerium per Einschreiben den Chefredakteur der Landeszeitung seines Amtes, wie reichsweit 41 Kollegen. Sie hatten die Stellungnahme des Erzbistums Breslau zu den Schauprozessen gegen Ordensleute wegen angeblicher Devisenverbrechen veröffentlicht. Finck erhielt einen Brief des Staatssekretärs Walther Funk, der von »Herabsetzung der Würde und des Ansehens der deutschen Justiz« schwadronierte und ihn strengstens verwarnte. Nach dem Prinzip von Zuckerbrot und Peitsche erlaubte der Staatssekretär zwar Albert Finck gnädig die Rückkehr an den Schreibtisch, ermahnte ihn aber, künftig die Gesetze des NS-Staates »schärfstens« zu beachten.

Fincks zermürbender Kampf um einen Rest Pressefreiheit, begleitet von ständigen Schikanen wie Ortsverweisen für Ludwigshafen und Umgebung, endete am 2. April 1936. Die Zeitung musste ihr Erscheinen nach über 14 Jahren einstellen. Das entsprach dem Trend, das Christliche aus dem öffentlichen Leben zu verdrängen. Nicht besser erging es den großen katholischen Gazetten. Die »Kölnische Volkszeitung« war seit 1933 wirtschaftlich gebrochen und inhaltlich nur noch ein Schatten; die Berliner »Germania« gab 1938 auf. Für die konfessionelle Tagespresse war es ein Abschied ohne Wiederkehr.

Die Nationalsozialisten holzten den Blätterwald, der vor 1933 in aller Vielfalt blühte, zum eigenen Profit ab. Bürckels »NSZ Rheinfront« übernahm ungefragt die Abonnenten der Landeszeitung und stieg – zuletzt unter dem Namen »NSZ Westmark« – zur größten Zeitung Süddeutschlands auf. Nur der »Völkische Beobachter« und die »Berliner Morgenpost« hatten höhere Auflagen. Derweil stand Finck im 42. Lebensjahr beruflich vor dem Nichts. Unter Hitlers Herrschaft war für einen gewissenhaften, mutigen politischen Journalisten wie ihn kein Platz mehr.

Der Verfemte musste als Versicherungsvertreter mehr schlecht als recht seine Familie ernähren, die 1935 in eine

Annonce von Albert Finck im »Pilger-Kalender« des Bistums Speyer 1939

Mietwohnung nach Hambach umgezogen war. 1937 erneut kurzzeitig festgenommen, ertrug Finck sein Schicksal, ohne jemals zu jammern. Er unterlag nicht nur einem Berufsverbot, sondern galt auch als wehrunwürdig und damit zusätzlich geächtet. Ende 1937 schickte ihm zwar das Wehrbezirkskommando Speyer eine Kriegsbeorderung. Doch in dem Überwachungsstaat prüfte die Parteibürokratie die Menschen auf ideologische Tauglichkeit. Am 1. Juni 1938 fragte die Kreisleitung der NSDAP Neustadt bei der Ortsgruppe Hambach an, ob vier im Dorf wohnende Reserveleutnants »für eine militärische Verwendung in Offiziersstellen geeignet« erscheinen. Allein für Finck lautete die Antwort negativ. Der Chefredakteur der »bekannten schwarzen« Landeszeitung sei in nationalsozialistischen Parteikreisen nur als »Schmierfink« oder »Dreckfinck« bekannt gewesen. Jetzt habe er seine Stelle verloren und lebe »in nicht gerade glänzenden Verhältnissen«, meldete der NSDAP-Ortsgruppenleiter zynisch. »Sein Umgang mit katholischen Geistlichen ist auch heute noch ein reger.« Ob Finck sich innerlich gewandelt habe, sei schwer zu sagen. »Auf jeden Fall ist hier doppelt Vorsicht geboten, da seine Bekanntenkreise sicher auch heute noch zu unseren Gegnern gehören.«

Obwohl Albert Finck als Leutnant im Ersten Weltkrieg tapfer für sein Vaterland gekämpft hatte, sprach man ihm nun die Offiziersehre ab. 13 Monate danach schickte der Ex-Gefreite Adolf Hitler die deutsche Wehrmacht in den Zweiten Weltkrieg, den er selbst vom Zaun brach und der militärisch, politisch und moralisch in der Katastrophe enden sollte. Dazu tönten die nationalsozialistischen Gesänge: »Wir werden weiter marschieren, bis alles in Scherben fällt ...«

4. Kapitel

Vom Pfarrhaus zum Parlamentarischen Rat

1939-1949

Wenn ein Volk nicht politisch denken lernt, dann wird die Demokratie ein Unglück und findet bald ihr Ende.

Johannes Finck

Was sollte aus Deutschland werden – nach Hitler? Diese Frage erörterten Johannes und Albert Finck schon lange vor dem Ende des »Dritten Reiches«. Das Pfarrhaus von Limburgerhof, eine Stätte des geistigen Widerstands gegen den Nationalsozialismus und eine frühe Anlaufstation für die Wiedergeburt der Demokratie, bot Zuflucht für politische Gespräche im kleinen Kreis. Fast jedes Wochenende, meist sonntags, kam Albert Finck zu seinem gut sechs Jahre älteren Bruder und engsten Vertrauten. Es gab hier auch während der Kriegs- und Hungerjahre noch ausreichend zu essen, und die Haushälterin, die Cousine Anna Finck, bereitete die Kost vorzüglich zu. Die Brüder hatten viel miteinander zu besprechen, erinnert sich Emil Brill, der damals als Kaplan ein Zimmer im Pfarrhaus bewohnte.

Als Vertreter für »Versicherungen aller Art« und die Familienbibeln eines Münchner Verlages reiste Albert Finck viel umher. Er hielt auf diese Weise unauffällig Verbindung zu Gleichgesinnten, etwa Franz Pelgen in Speyer, vormals aktives Zentrumsmitglied, nach dem Krieg CDU-Mitgründer. Der Sohn Dr. Franz L. Pelgen, Jahrgang 1929, berichtet: »Dr. Finck kam meist schon am Vormittag und blieb dann bei uns zum Mittagessen. Ich erinnere mich sehr gerne und lebhaft an ihn, sehe seine lustig-verschmitzten kleinen Augen, sein immer leicht gerötetes Gesicht und höre sein Lachen. Er war – so wie ich ihn erlebte – immer gut gelaunt, machte gerne seine Späße und verlor nie seinen Humor.« Auf der anderen Seite stand

Der Pfarrer von Limburgerhof, Johannes Finck, mit seiner Cousine Anna

Albert Finck als Gegner der NS-Diktatur unter schwerem Druck. Seine Tochter Elisabeth erinnert sich, dass zu Hause in Hambach oft eine Atmosphäre der Angst vor Denunziationen herrschte. Beide Finck-Brüder wussten, dass sie als bekannte Persönlichkeiten der Weimarer »Systemzeit« bespitzelt und überwacht wurden. Bezeugt ist, dass beide dennoch im Einzelfall anderen bedrängten Menschen helfen konnten, beispielsweise einem französischen Zwangsarbeiter und einer rassisch verfolgten Halbjüdin aus dem Bekanntenkreis.

Bedingt durch den Arbeitskräftemangel während des Krieges, durfte Albert Finck ab Dezember 1942, dem Winter der militärischen Wende bei Stalingrad, als Aushilfslehrer am Humanistischen Gymnasium (heute Kurfürst-Rupprecht-Gymnasium) in Neustadt an der Weinstraße unterrichten. Der umfassend gebildete Finck gab Deutsch, Griechisch, Latein, Geschichte und Erdkunde. Er fand sich rasch in seine neue Tätigkeit. Jede politische Betätigung war ihm bis 1945 verboten, aber er bereitete trotz der Gefahr zusammen mit seinem Bruder und politischen Freunden bereits die Zeit danach vor. Die Fincks stimmten darin überein, dass man eine neue christliche Partei auf überkonfessioneller Basis gründen müsse. Die Geschichte des traditionsreichen Zentrums hielten sie mit dem fatalen Ja zum Ermächtigungsgesetz 1933 für endgültig abgeschlossen. Dieser Sündenfall habe »bei nicht wenigen Zentrumspolitikern ein beträchtliches Schuldgefühl« hinterlassen, stellt Helmut Kohl in seiner zeitgeschichtlichen Doktorarbeit von 1958 fest, die von den Parteiengründungen in der Pfalz nach dem Zweiten Weltkrieg handelt.

Johannes und Albert Finck sahen die Chance auf einen politischen und kulturellen Neuanfang nur dann, wenn die Deutschen die tiefen konfessionellen Gräben, die seit 400 Jahren das Land durchzogen, überwinden würden. Das Experiment, evangelische und katholische Christen unter ein Dach zu bekommen, lief in Limburgerhof schon mit Erfolg. Pfarrer Johannes Finck und sein protestantischer Kollege Jakob Jung wohnten von 1933 an für mehrere Jahre im selben Reihenhaus direkt nebeneinander: Tür an Tür fielen die alten Schranken, Garten an Garten keimte das Pflänzchen der Ökumene. »Wenn der konfessionelle Hader abnimmt oder gar einmal zum Schweigen kommen sollte, dann wird der schwerste religiöse Kampf, der Kampf zwischen Glaube und Unglaube umso heftiger entbrennen«, hatte Johannes Finck schon während des Ersten Weltkriegs prophetisch geschrieben. Unter dem Druck der nationalsozialistischen Diktatur entwickelten sich in Limburgerhof starke Bande für den politischen Zusammenschluss von Christen beider Bekenntnisse nach 1945, was in der Pfalz aus historischen Gründen besonders schwierig war. Bei Jung verkehrten häufig sein Schwager Theo Schaller und Hans Stempel, beide ebenfalls Pfarrer. Johannes Finck knüpfte Kontakt zu diesen beiden späteren pfälzischen Kirchenpräsidenten, die nach dem Zweiten Weltkrieg dann entscheidende Fürsprecher für einen interkonfessionellen Neuanfang werden sollten.

Das gescheiterte Attentat aus Adolf Hitler vom 20. Juli 1944 löste eine gnadenlose Jagd des NS-Regimes auf Gegner aus. Zu den Opfern zählte Alfred Delp, Mitglied des Kreisauer Kreises, einer Gedankenschmiede des Widerstands. Der Pater hatte auch zu den vertrauten Besuchern im Pfarrhaus von Limburgerhof gehört. Einer der Zöglinge des Jesuiten Delp, Hermann Magin, stammte aus Johannes Fincks Gemeinde. 1939 vermittelte Alfred Delp, beheimatet in Lampertheim auf der anderen Rheinseite, eine Orgel an Finck, der sie aus der Ordensniederlassung Stella Matutina in Feldkirch bei Innsbruck persönlich abtransportierte und in seine neuerbaute Pfarrkirche in Limburgerhof installierte. Delp besuchte Finck noch in den letzten Kriegsjahren, wie Zeitzeugen berichten. Zwischen beiden gab es viele Gemeinsamkeiten: ihre publizistische Ader, zentrale Ziele wie soziale Gerechtigkeit und konfessionelle Toleranz. Finck habe als Delps Gewährsmann, als sein »Stellvertreter« in der Pfalz fungiert, überliefert Wendelin Fischer, ein späterer Kaplan des Pfarrers. Wie intensiv die Verbindung war, ob Finck etwas von der Verschwörung wusste, darüber fehlen genauere Erkenntnisse. Er war immer vorsichtig genug, der Gestapo keine Handhabe zu bieten. Wenn er Auslandsradio hörte, schickte er seinen Kaplan Emil Brill vor das Haus, um darauf zu achten, dass kein böswilliger Passant das Rundfunkvergehen bemerkte. Außerdem war Johannes Finck insofern ein gebranntes Kind, als sein Mitbruder und enger Weggefährte aus dem drei Kilometer nahen Rheingönheim, Wilhelm Caroli, wegen offener Opposition gegen das Hitlerscher Terrorregime nach langem Leidensweg 1942 im KZ Dachau ums Leben kam. Die katholischen Pfarrer waren unter den Nicht-Juden überhaupt die am meisten verfolgte Berufsgruppe im Dritten Reich.

Pater Alfred Delp, ein Vertrauter von Johannes Finck, vor dem Volksgerichtshof, der den Jesuiten am 11. Januar 1945 zum Tod verurteilte

Wenige Wochen nach dem fehlgeschlagenen Attentat auf Hitler, im September 1944, besprach Johannes Finck in Limburgerhof mit dem Mitstreiter Gustav Wolff aus Landau bereits den Plan für eine neue Partei. Als am 22. März 1945 die amerikanischen Truppen den Rhein erreichten, entfaltete Finck sofort eine große Aktivität für den demokratischen Neuaufbau. Sein Pfarrhaus wurde zu einer Werkstatt des freiheitlichen Parteiwesens, zur Geburtsstätte der pfälzischen Christdemokratie. Sogar Gustav Heinemann aus Essen, damals evangelische Vorzeigefigur der CDU, später erster Bundespräsident der SPD, kam in die französische Zone nach Limburgerhof, um die Protestanten der Pfalz für die Unionsidee zu gewinnen. Neben dem Hausherrn Finck und Heinemann nahmen an der Runde Pfarrer Hans Stempel, der Landauer Apotheker Hans Moser, der Gutsbesitzer Daniel Hauter sowie dessen Schwiegersohn Oskar Stübinger, später Landwirtschaftsminister von Rheinland-Pfalz, teil. »Heinemann hat uns zugeredet, unter allen Umständen bei der Neugründung der CDU sich zu beteiligen«, berichtete Stübinger 1986 rückschauend.

Johannes und Albert Finck wollten die übergreifende Lösung anstelle des katholischen Zentrums nicht zuletzt deshalb, weil sonst die Pfalz und die französische Zone auf einen Sonderweg geraten wären. Pfarrer Finck schickte

Johannes Finck (2. v. l.) mit seinen Kaplänen Emil Brill, Wendelin Fischer und Pirmin Diehl (v. l. n. r.)

Gustav Wolff, mittlerweile Bürgermeister von Landau, am 29. Oktober 1945 in die amerikanische Zone zu einem alten Parteifreund: Adam Stegerwald, vormals Chef der christlichen Gewerkschaften und Reichsarbeitsminister, nun Regierungspräsident in Würzburg. Er stammte aus Greussenheim, wie Hans Kohl, dessen Sohn Helmut in Mainfranken gerade eine landwirtschaftliche Lehre machte. Stegerwald, interkonfessioneller Vorreiter lange vor 1933 und maßgeblicher Mitgründer der Christlich-Sozialen Union in Bayern, stand in Kontakt mit den ersten CDU-Zirkeln. Er empfahl Fincks Abgesandten Wolff die gerade entstehende CSU und die CDU-Gründungen in Berlin, Köln oder Frankfurt als Vorbild.

Die Fincks befürchteten, dass Frankreich ihre pfälzische Heimat von Deutschland abtrennen würde, wie es mit dem Saarland geschah. Über dem Rhein schwebte erneut ein Damoklesschwert: Holt die Besatzungsmacht jetzt nach, was sie nach dem Ersten Weltkrieg schon einmal versucht hatte? Kein Geringerer als General Charles de Gaulle sprach sich im Herbst 1945 für die Annexion der Rheinlande aus und brachte noch 1948 die besetzte Zone als Pfand, wie einst Poincaré, ins Spiel. Der Vizepräsident der Regierung von Hessen-Pfalz in Neustadt, Dr. Carl Felix Koch, strebe einen Rheinbund »von Holland bis zur Schweiz« an, berichtete die Pariser Tageszeitung »Le Monde« 1946 nach einer Versammlung in Kaiserslautern. Daneben kursierte beispielsweise der fantastische Plan, unter Oberhoheit der Vereinten Nationen (Uno) in der Südpfalz einen neutralen Staat um das elsässische Grenzstädtchen Weißenburg als Puffer zwischen Frankreich und Deutschland zu errichten. Johannes Finck verschaffte sich von dem Vorhaben nähere Kenntnis, indem er zusammen mit dem pfälzischen SPD-Führer Franz Bögler den Geilweiler Hof bei Siebeldingen besuchte, einen Treffpunkt französischer Militärs und separatistischer Kreise, der als Keimzelle für den Uno-Staat gedacht war.

Mit all diesen Bestrebungen kehrte der politische Albtraum von Johannes und Albert Finck zurück. Sie beobachteten das Auftauchen von »zwielichtigen Elementen, die eine günstige Konjunktur witterten«, wie Helmut Kohls Dissertation die Neoseparatisten bezeichnet. Darin heißt es, dass »hohe französische Offiziere einflussreiche deutsche Politiker zu kaufen hofften«. Wie den Separatismus nach 1918, so bekämpften die Fincks entschieden auch den zweiten Anlauf. Dabei suchten sie den Schulterschluss mit führenden Pfälzer Sozialdemokraten, etwa Friedrich Profit, der schon 1919 der deutschen Delegation in Versailles als Sachverständiger für die Pfalzfrage angehört und in der Krise 1923 von Reichspräsident Friedrich Ebert an der Rhein entsandt worden war. Im Pfarrhaus von Limburgerhof verfassten die Fincks mit Profit, einem weiteren Sozialdemokraten und einem Industrievertreter am 12. Dezember 1945 eine Resolution gegen eine mögliche Autonomieerklärung der Pfalz. »Machen Sie keine Politik mit Quislingen«, warnte Pfarrer Johannes Finck den Militärgouverneur von Hessen-Pfalz, General Jean-Claude Bouley, bei einer heftigen Aussprache in Ludwigshafen vor der Kooperation mit Kollaborateuren. Der französische Oberkommandierende, General Pierre Koenig, kannte die Finck'sche Hartnäckigkeit bereits aus der Zeit nach dem Ersten Weltkrieg, als er im besetzten Deutschland stationiert war. Von General Koenig ist die Aussage überliefert, dass ohne die Fincks schon damals die Dinge am Rhein anders gelaufen wären.

Erst im Dezember 1945 ließen die Franzosen in ihrer Zone die Gründung von Parteien zu. Rasch belebten die Sozialdemokraten und Kommunisten ihre alten Organisationsstrukturen, während sich die bürgerliche Seite noch über die beste Strategie stritt. Die Fincks prallten in der Pfalz mit ihrem Konzept einer überkonfessionellen Volkspartei gegen eine Wand. Die alte Animosität zwischen BVP- und Zentrumsanhängern erschwerte das Bündeln der Kräfte. Vor allem aber rivalisierten eine prononciert föderalistische, katholisch-konservative und eine eher auf die Einheit Deutschlands gerichtete Strömung heftig miteinander. Es überrascht nicht, dass die Fincks an der Spitze der patriotischen Richtung standen. Widersacher gab es überall, namentlich Prälat Martin Walzer aus Ludwigshafen, wegen seiner bayerisch-monarchischen Orientierung als »Königs-Walzer« bekannt, und der Neustadter Landrat Hanns Haberer, beide ehemalige BVP-Vertreter. Auch Bischof Josef Wendel und mit ihm der Großteil des Klerus wollten zunächst ihre alte katholische Zentrumspartei wieder erstehen lassen. Monatelang konnten sich die beiden Lager nicht einigen. Sie waren zu einem Kompromiss verdammt, da die Besatzungsmacht nur eine christliche Partei zulassen wollte.

Kurz vor Weihnachten 1945 lud die Gruppe Finck nach Winzingen bei Neustadt ein. Auf der stürmischen Versammlung am 20. Dezember im Turmzimmer der Josefskirche einigten sich die 52 Teilnehmer unter Leitung von Pfarrer Johannes Finck darauf, »eine neue Christlich-Demokratische Partei wie im rechtsrheinischen Gebiet« zu gründen. Zum vorläufigen Vorsitzenden dieser CDP wählten die Anwesenden einstimmig Johannes Finck. Die Gruppe Walzer-Haberer, nicht eingeladen zu der »Turmzimmer-Konferenz«, beantragte bei den Franzosen stattdessen, in der Pfalz eine CSU zuzulassen. Die Würfel fielen am 2. Januar 1946 beim Treffen der katholischen Geistlichen der Pfalz in Kaiserslautern. Nach einem Referat Johannes Fincks akzeptierten sie die Beschlüsse von Winzingen. Maßgeblich war, dass der Bischof mit seiner Autorität jetzt für eine Zusammenarbeit mit den Protestanten eintrat. Pfarrer Finck fungierte fortan als politischer Berater Wendels, der 1952 zum Erzbischof von München aufstieg.

Die Finck-Gruppe suchte schließlich Ende Januar um Genehmigung der »Christlich-Demokratischen Union« nach. Der Name signalisierte den Willen zur deutschen Einheit, wie Johannes Finck in einem Brief erläuterte: »Wir stehen in der Pfalz doch in besonders großer nationalpolitischer Gefahr. Wir legen deshalb ganz besonderes Gewicht auf die Beziehungen zum rechtsrheinischen Deutschland. Aus diesem Grund haben wir auch den Namen CDU angenommen, ohne dass wir für den Namen selbst besonders begeistert waren.«

Josef Wendel, der Speyerer Bischof und spätere Münchner Kardinal, mit seinem politischen Berater Johannes Finck (r.)

Kurz nachdem der Durchbruch geschafft war, trat Johannes Finck ins zweite Glied zurück. Der Priester, seelisch belastet durch die Flügelkämpfe und Intrigen, legte den Parteivorsitz nieder. Sein Verzicht war zeittypisch für den Abgang katholischer Kleriker von der politischen Bühne. Gleichwohl blieb Johannes Finck der geistige und programmatische Kopf der CDU Pfalz. Bei der ersten öffentlichen Versammlung am 13. April 1946 in Speyer zog er als Hauptredner eine vernichtende Bilanz von Nationalsozialismus und Krieg, predigte aber gleichwohl die nationale Einheit. Deswegen erteilte ihm die französische Militärregierung eine »scharfe Verwarnung«.

Albert und Johannes Finck trafen sich mit dem Führungskreis ihrer Partei wöchentlich in der Winzergenossenschaft Hambach zu einer informellen Runde. »Wir haben alle Samstage die gesamten Probleme der CDU in der Pfalz durchgesprochen. Dort ist wie in einer Familie gesprochen worden, und man hat auch so die Kandidaten aufgestellt«, schildert Oskar Stübinger. Er gelangte bei einer solchen Gelegenheit zu einem Ministeramt im ersten Kabinett von Rheinland-Pfalz. Albert Finck überredete den Winzer bei einer Flasche Wein, das wichtige Ernährungs- und Landwirtschaftsressort zu übernehmen. Es handele sich nur um eine provisorische Regierung für vier bis fünf Monate. Der 35 Jahre alte »Übergangskandidat« blieb 22 Jahre im Amt; er trat 1968 als dienstältester deutscher Minister ab.

Vom Aushilfslehrer hatte der politisch unbelastete Albert Finck mit 50 Jahren Anfang 1946 den Sprung zum beamteten Studienrat geschafft. Er sei ein ausgezeichneter, allseits beliebter Pädagoge und »Meister des Wortes«, attestierte ihm sein Schulleiter. Der promovierte Philosoph und große Weinliebhaber war zwar kein gelernter Lehrer, sei aber ein Naturtalent gewesen, sagt Annemarie Nieder-

Der Pfälzer Albert Finck verband Lebensart und politisches Temperament

meier, eine Schülerin von damals: »Meistens in Bewegung, hin und her laufend, mit lebhafter Mimik und Gestik versuchte er, die Kinder zu fesseln und seine Sache zu vermitteln. Der Unterricht war zwar gelegentlich von cholerischen Ausbrüchen durchsetzt, verlief aber nie langweilig.« Dr. Albert Fincks Griechischstunden seien »Unterricht in Demokratie« gewesen.

Sein politisches Wissen an die junge Generation zu vermitteln, dafür fand auch Johannes Finck durch seine Ämterabstinenz mehr Muse. Aus dem Scheitern Weimars zog er die Lehre, wie notwendig diese Bildungsarbeit sei, gerade nach zwölf Jahren nationalsozialistischer Indoktrination. Er scharte im Pfarrhaus regelmäßig einen Kreis von jungen Männern um sich, zumeist Kriegsteilnehmer, zu denen sich der Schüler Helmut Kohl gesellte. Ihn hatte der Tod seines 19 Jahre alten Bruders Walter als Soldat gegen Kriegsende tief erschüttert. Sein Vater Hans Kohl zählte zu den Gründungsmitgliedern der CDU in Friesenheim. Nach der ersten Kommunalwahl im Herbst 1946, bei der die CDU auf Anhieb stärkste Partei der Pfalz wurde und Helmut Kohl als interessierter Beobachter auffiel, schickte ihn der Ortspfarrer von Friesenheim zur politischen Sonntagsschule bei Johannes Finck, den Bischof Wendel etwa gleichzeitig zum Leiter des Dekanats Ludwigshafen-Land bestellte. Von seinem Kaplan Wendelin Fischer skeptisch gefragt, was das Politikseminar bringen solle, antwortete der neue Dekan, wenn einer der Teilnehmer später vielleicht zum Oberbürgermeister von Ludwigshafen aufsteigen könne, habe sich die Mühe gelohnt.

Der junge Helmut Kohl

Der 16-jährige Helmut Kohl radelte häufig die zwölf Kilometer hinüber nach Limburgerhof, wo er sich im Pfarrhaus auch den selbst gebackenen Kuchen und Wurstspezialitäten schmecken ließ. Er saß dabei, wenn der Gottesmann in seiner Großherzigkeit und Güte manchen »Persilschein« für die Entnazifizierung von Mitläufern des NS-Systems ausstellte, oder wenn er von seinen Erfahrungen aus der Weimarer Zeit erzählte. Helmut Kohl begann, sich in der CDU zu engagieren. Mehr als 25 Jahre danach trat er an die Spitze der Bundespartei – und blieb dort weitere 25 Jahre lang. Von Johannes Finck lernte der spätere Kanzler das politische Handwerk und empfing starke nationale und europäische Impulse. Richtungsweisend entwickelte der Dekan schon Anfang 1947 in seinem Kreis den Plan eines ungeteilten deutschen »Föderativ-Staates« und warb für die Idee einer friedlichen Einigung des alten Kontinents: »Vor allem gilt es, keinen Volkshass zu predigen, sondern den europäischen Gedanken hochzuhalten.«

Während der Kalte Krieg heraufzog und die deutsche Frage aufwarf, hielten die Fincks einen, so ist in Kohls Doktorarbeit nachzulesen, »lebhaften Kontakt« nach Berlin, zu den Unionsführern der Sowjetzone um Jakob Kaiser. Die Bekanntschaft mit ihm rührte ebenfalls aus Weimarer Tagen. Gerade weil der Blick der Pfälzer durch die »separatistischen Gefahren« geschärft war, schauten sie über den eigenen Kirchturm hinaus hinter den Eisernen Vorhang. Zur selben Zeit knüpfte Helmut Kohl in der Tanzstunde die Bande fürs Leben mit dem evangelischen Flüchtlingsmädchen Hannelore Renner, das in Berlin geboren und in Leipzig aufgewachsen war. Während Konrad Adenauer das östliche Deutschland ironisch als »asiatische Steppe« bezeichnete, war es für Helmut Kohl schlicht die Heimat seiner Frau.

Das Jahr 1948 brachte die Währungsreform und die Luftbrücke gegen die sowjetische Blockade Berlins. In der Universitätsstadt Bonn am Rhein trat am 1. September der Parlamentarische Rat zusammen, um das Grundgesetz für die künftige Bundesrepublik auszuarbeiten. Der 54 Jahre alte Albert Finck zog mit 17 anderen Christdemokraten in die 65-köpfige Konstituante ein. Der rheinland-pfälzische Landtag hatte ihn nominiert; neben dem SPD-Mann Friedrich Wilhelm Wagner aus Ludwigshafen war er der einzige Pfälzer. Allerdings entsandte Bayern, das auf den Wiederanschluss seines linksrheinischen Gebiets spekulierte, zwei gebürtige Pfälzer: Wilhelm Laforet und Anton Pfeiffer von der CSU, beide – wie Albert Finck – von katholisch-südpfälzischer Herkunft. Pfeiffer, der im Sommer 1948 schon den Verfassungskonvent auf Herrenchiemsee geleitet hatte, wurde zum Vorsitzenden der Bonner Unionsfraktion gewählt. Er war ein Absolvent des Speyerer Gymnasiums und ein Bruder von Fincks Klassenkamerad Peter Pfeiffer. Vor 1933 hatte er mit Johannes Finck der BVP-Fraktion im Münchner Landtag angehört.

Albert Finck zählte zu den wenigen im Parlamentarischen Rat, die vorher kein Mandat oder Ministeramt besaßen. Die »Neue Zeitung« stellte alle Mitglieder jeweils mit Bild vor, alphabetisch angefangen mit Konrad Adenauer, der vom Altersvorsitzenden zum gewählten Präsidenten aufstieg. Auf der Sonderseite wurde jeder Abgeordnete mit seinem programmatischen Motto zitiert. Bezeichnender-

Väter der Verfassung

Kommentare der 65 Mitglieder des Parlamentarischen Rates / „Die Einheit Deutschlands ist und bleibt unser Ziel"

Dr. Konrad Adenauer (CDU), Präsident des Parlamentarischen Rates: *Wir gehen an die Schaffung eines Grundgesetzes im Interesse des deutschen Volkes, aber auch Europas und der gesamten Welt. Die Einheit Deutschlands ist und bleibt unser Ziel.*

Hansheinz Bauer (Bayern, SPD): *Die zukünftige deutsche Demokratie wird vom Inhalt des Besatzungsstatuts mindestens so entscheidend geformt, wie von den Bestimmungen über Wahlrecht und Parteiwesen.*

Dr. Max Becker (Hessen, LDP): *Eine volkstümliche Demokratie wird es in Deutschland nur geben, wenn der häufige Regierungswechsel durch Mißtrauensvoten, hervorgerufen oft durch Mangel an staatspolitischer Gesinnung, unterbunden wird.*

Prof. Dr. Ludwig Bergsträsser (Hessen, SPD): *Nach dem Willen seiner Mitglieder soll der Parlamentarische Rat eine Stufe zur deutschen Einheit sein. Daß er das werden kann, hat er kürzlich durch seine Stellungnahme zur Berliner Frage bewiesen.*

Dr. Paul Binder (Südwürttemberg-Hohenzollern, CDU): *Länder und Bund müssen ihre Finanzen selbst ordnen. Bei der Abgrenzung der Zuständigkeiten für Gesetzgebung, Verwaltung und Aufteilung der Steuern muß die Einheit Deutschlands bedacht werden*

Adolf Blohmeyer (Nordrhein-Westfalen, CDU): *Wir müssen im mitteleuropäischen Raum ein Deutschland schaffen, das in seinem organischen Aufbau zum Frieden und zu der von allen ersehnten Möglichkeit kommt, Aufgaben des Friedens zu erfüllen.*

Dr. Heinrich von Brentano (Hessen, CDU): *Nur in einem Staat mit klarem föderalistischen Aufbau von unten nach oben wird es möglich sein, alle gesellschaftsformenden und gestaltenden Kräfte bei der politischen Willensbildung nutzbar zu machen.*

Johannes Brockmann (Nordrhein-Westfalen, Zentrum): *Ich halte es für außerordentlich wichtig, daß unser Volk in ganz Deutschland so schnell wie möglich durch eine Verfassung wieder festen Boden unter die Füße bekommt.*

Dr. Paul de Chapeaurouge (Hamburg, CDU): *Das ist das Bedeutsamste: führende Politiker aus allen Teilen der Westzonen gewinnen enge persönliche Fühlung und können sich zutreffende Urteile über die Verhältnisse außerhalb ihres Heimatlandes bilden.*

Dr. Thomas Dehler (Bayern, FDP): *Wir wollen kein „Staatsfragment" schmieden, sondern ein starkes politisches Instrument, das geeignet ist, unserem ganzen Volke in einer „Bundesrepublik Deutschland" wieder Macht über sich selbst zu geben.*

Dr. Georg Diederichs (Niedersachsen, SPD): *Alle Politik hat ihre letzte Konsequenz in einer gerechten Verteilung der Zuständigkeiten. Solange diesen in Besatzungsstatut und ungelöster Friedensfrage Grenzen gezogen sind, gibt es nur ein Provisorium.*

Dr. Fritz Eberhard (Württemberg-Baden, SPD): *Das Grundgesetz wird unsere Visitenkarte sein. Es sollte ausdrücken, daß wir Deutschen uns einer europäischen Ordnung eingliedern und zu deren Gunsten auf manche Hoheitsrechte verzichten wollen.*

Adolf Ehlers (Bremen, SPD): *Als Hanseat trete ich schon aus Gründen des internationalen Handels für einen starken Bund ein, der eine unumgängliche Voraussetzung dafür ist, daß Deutschland wieder ein geachteter und gleichberechtigter Partner in der Welt wird.*

Dr. Hermann Fecht (Südbaden, CDU): *Als vom Badischen Landtag gewählter Abgeordneter des Parlamentarischen Rates habe ich, alter badischer Tradition entsprechend, den Wunsch, die deutsche Einheit bald wiederhergestellt zu sehen.*

Dr. Albert Finck (Rheinland-Pfalz, CDU): *Wenn es nach mir geht, lassen wir vom Praktischen her energisch unsere Arbeit an, um möglichst rasch ein westdeutsches Staatsgebilde zu schaffen, das ein Vorläufer sein soll für das geeinte Deutschland.*

Andreas Gayk (Schleswig-Holstein, SPD): *Der Parlamentarische Rat soll der deutschen Zerrissenheit zwischen den drei Westzonen ein Ende setzen, um wenigstens auf diesem Gebiet die Einheitlichkeit herbeizuführen, die an sich für ganz Deutschland angebracht wäre.*

Dr. Otto Heinrich Greve (Niedersachsen, SPD): *Eine der wichtigsten Aufgaben des Rates sehe ich darin, für das Verhältnis der deutschen Republik zu den einzelnen Ländern einen Status zu schaffen, der dem Willen aller Deutschen nach Einheit entspricht.*

Rudolf Heiland (Nordrhein-Westfalen, SPD): *Wenn wir nicht erkennen, daß eine vollkommene Neuordnung unseres Zusammenlebens gefunden werden muß, dann wird die Arbeit in Bonn in den luftleeren Raum getan werden.*

Wilhelm Helle (Niedersachsen, DP): *Das deutsche Volk hat sich in Weimar eine Verfassung gegeben, die ihm Freiheit durch Einheit und Einheit durch Freiheit sichern sollte. Zum zweitenmal zur Mitarbeit berufen, bleibt mein Ziel das gleiche.*

Prof. Dr. Theodor Heuß (Württemberg-Baden, DVP): *Die Aufgabe von Bonn wird sein, zu dem ewigen Spannungsproblem zwischen Recht und Macht einen Lösungsbeitrag zu schaffen. Die äußere Macht ist verspielt, die moralische muß gewonnen werden.*

»Die Neue Zeitung« vom 25. September 1948 (Ausschnitt)

weise legte Albert Finck ein Bekenntnis zur nationalen Einheit ab: »Wenn es nach mir geht, fassen wir vom Praktischen her energisch unsere Arbeit an, um möglichst rasch ein westdeutsches Staatsgebilde zu schaffen, das ein Vorläufer sein soll für das geeinte Deutschland.« Für Finck war der abschließende Satz, den die Mütter und Väter in die Präambel des Grundgesetzes schrieben, keinesfalls bloß Lippenbekenntnis, sondern zentraler Auftrag: »Das gesamte Deutsche Volk bleibt aufgefordert, in freier Selbstbestimmung die Einheit und Freiheit Deutschlands zu vollenden.«

Zur Arbeit des Parlamentarischen Rates leistete Albert Finck, der zu seinem Bedauern kein Verfassungsjurist war, beachtliche Beiträge, allerdings auf seine Art. Die Fraktion schätzte die flinke Feder des ehemaligen Chefredakteurs. Mehrfach arbeitete er Presseerklärungen aus. So formulierte er am 4. Januar 1949 mit drei Kollegen die empörte Antwort von CDU/CSU auf Angriffe der SPD-Fraktion gegen den Präsidenten: »Sie haben sogar die nationale Gesinnung Dr. Adenauers anzuzweifeln gewagt.« Im Streit der beiden großen, gleich starken Fraktionen um die Frauenrechte wies er Vorwürfe von SPD-Organen zurück. Finck veröffentlichte unter der Überschrift »Um die Gleichberechtigung der Frau« eine Erklärung für die C-Parteien. »Was aber die Würde der Frau anlangt, so stellt niemand mit größerem Eifer sich schützend vor diese, als derjenige, der eine christliche Grundlegung unserer Politik erstrebt; denn in der christlichen Religion ist die Würde der Frau in einzigartiger Weise verpflichtend sanktioniert«, argumentierte er.

Am 10. Mai 1949 entschied sich der Parlamentarische Rat mit einer knappen Mehrheit von 33 zu 29 Stimmen für Bonn als Sitz von Regierung und Parlament der Bundesrepublik.

Albert Finck votierte in dieser Frage für die ruhige Stadt am Rhein und damit gegen den großen Rivalen Frankfurt am Main. Von Adenauer hörte er, dass in Krisenzeiten die Straße mitregiere. Da seien ihm die »schwarzen« Straßen von Bonn lieber als diejenigen des »roten« Frankfurt. Finck plädierte aus anderen Gründen für dieselbe Lösung: »Bonn wird immer Provisorium bleiben und unsere eigentliche Hauptstadt Berlin nicht aus dem Auge verschwinden lassen, während Frankfurt was Endgültiges werden könnte, sodass dieser Anspruch Gefahr läuft, in Vergessenheit zu geraten,« sagte er seinen Gymnasiasten in Neustadt. Mit ihnen probte der Studienrat solche Abstimmungen oder ließ sie die Verfassung des athenischen Staatsmanns Solon vergleichen mit Entwürfen für das Grundgesetz.

Bei der Arbeit im Parlamentarischen Rat (v. l. n. r.): Adolf Blomeyer (CDU), Dr. Albert Finck (CDU), Wilhelm Heile (DP)

Aus erster Hand informierte Finck die Öffentlichkeit über die Arbeit des Parlamentarischen Rates in einer Artikelserie der Tageszeitung »Die Rheinpfalz«. Josef Schaub, sein früherer Mitstreiter aus den Tagen der Landeszeitung, ver-

legte nun dieses neue Blatt in Ludwigshafen und machte es zu einer der größten Regionalzeitungen Deutschlands. Finck und Schaub, die alten Weggefährten, trafen sich regelmäßig zum Gedankenaustausch in einem Mannheimer Restaurant. Dabei kam auch ihr junger Freund Helmut Kohl, der lange, gertenschlanke Oberschüler aus Friesenheim, während dieser Hungerjahre zuweilen in den Genuss einer großen Mahlzeit.

Im Plenum oder auch in Rundfunkdiskussionen kreuzte Albert Finck, ein geistreicher Redner, die Klinge vor allem mit den Wortführern des Liberalismus. Es ging um das Elternrecht, für das er als Sprecher seiner Fraktion fechten musste. »Vor Ihnen habe ich Angst, Herr Dehler!«, meinte er einmal ironisch, an den späteren FDP-Chef Thomas Dehler gerichtet. Das Vorrecht der Eltern auf die Erziehung, genauer auf eine konfessionelle Erziehung ihrer Kinder in der Schule, bildete einen Konfliktpunkt zwischen Union und FDP. Nachdem sein kompromissloser Fraktionskollege Adolf Süsterhenn durch einen Autounfall aus dem Rat ausschied, verständigte Finck sich mit Theodor Heuss bei einem Glas Spätburgunder schließlich auf den Kulturartikel. Der FDP-Vorsitzende tauschte gelegentlich private Erinnerungen mit Finck aus, denn der Schwabe hatte eine Mutter und Verwandte aus der Pfalz.

Zum Gaudium der Kollegen rückte Heuss ihnen lyrisch zu Leibe. Er dichtete ein »ABC des Parlamentarischen Rates«. Auf D wie Dehler folgte vor F wie Finck sinnigerweise ein Sprüchlein zu E wie Elternrecht. Heuss warnte darin den streitbaren Thomas Dehler:

»Das Elternrecht, Vermessener, rühr es doch nicht an,
ein ganzes Erzkapitel rückt heran,
und hinter ihm, elementar,

erregt, und schon erprobt, die alte Einsatzschar,
ergib dich, Elender, eh du verdammt,
dein kecker Kahn vom dunklen Schiff gerammt.«

Die Stärke des Christdemokraten aus Hambach erkannte Heuss in der gelungenen Kombination von Religiosität und einer Leichtigkeit des Seins, ungeachtet der schweren Prüfungen im Laufe seines Lebens und einer daraus resultierenden inneren Ernsthaftigkeit, die Albert Finck nach außen mit viel Humor und Optimismus überstrahlte:

»Fidel und fromm – vielleicht das rheinische Glück!
Der frohe Finck besorgt die Pfälzer Beimusik.«

Albert Finck unterzeichnet am 23. Mai 1949 das Grundgesetz

Am 8. Mai 1949 zählte Albert Finck zu den 53 Abgeordneten, die für das Grundgesetz stimmten. Es war ein Höhepunkt seines politischen Lebens, als er in der Schlusssitzung am 23. Mai die beste Verfassung der deutschen Geschichte unterzeichnete, wie sämtliche Abgeordnete außer den zwei Kommunisten es taten. »Ich unterschreibe nicht die Spaltung Deutschlands«, polemisierte der KPD-Abgeordnete Heinz Renner. Die manipulierten Zeitungen der sowjetischen Besatzungszone warfen der »Spaltertagung von Bonn« vor, einen westdeutschen »Separatstaat« zu schaffen. Albert Finck wollte durchaus den Kernstaat, aber es durfte kein nationaler Verzicht für immer sein. Die neue Republik wurde mit den Wassern des Rheins getauft, und eine vorwiegend christlich-demokratisch geprägte politische Elite, allen voran Konrad Adenauer, führte diesen freien Teil Deutschlands in die Wertegemeinschaft des Westens. Darin lag das Fundament für eine Wiedervereinigung.

5. Kapitel

Die dritte Strophe

1949-1952

Jede Nation, vor allem
eine geschlagene, braucht
ein Symbol, zu dem
sie aufblicken kann.

Winston Churchill

Dienstag, 9. August 1949: Fünf Tage vor der ersten Bundestagswahl kommt Konrad Adenauer, der Präsident des Parlamentarischen Rates und CDU-Vorsitzende der britischen Zone, zu einer Kundgebung in die Pfalz. Auf Vorschlag von Johannes Finck findet sie in der vom Krieg unzerstörten Landauer Jugendstil-Festhalle statt. Seit Tagen hat auch der junge Aktivist Helmut Kohl mit einem Lautsprecherwagen für die zentrale Großveranstaltung geworben. Der Pennäler ist schon beim Wahlkampfauftakt seiner Partei am 21. Juni 1949 auf dem Heidelberger Schloss dabei gewesen und wird am 13. August seine erste Rede bei einer Wahlversammlung halten. Auf Vermittlung von Johannes Finck bestreitet Helmut Kohl sie zusammen mit dem Chef der rheinland-pfälzischen Staatskanzlei, Hanns Haberer, ausgerechnet in Mutterstadt, dem Wohnort seiner Freundin Hannelore.

Die zweistündige Veranstaltung in Landau wird für die rund 3.000 Teilnehmer, nicht zuletzt für die beiden künftigen Bundeskanzler, den 73 Jahre alten Adenauer und den 19-jährigen Kohl, zu einem unvergesslichen Erlebnis. Denn am Ende, gegen 22.30 Uhr, ergreift Albert Finck das Wort, vergleicht Konrad Adenauer als Architekten des neuen Deutschland mit Konrad II., dem Baumeister des Speyerer Domes, und fordert dann alle in dem überfüllten Saal auf, die dritte Strophe des Deutschlandliedes anzustimmen. Wir singen unsere Nationalhymne, erklärt Finck unter Beifallsstürmen, auch wenn Oberst Robert Magniez

– Vertreter der französischen Rheinpolitik nach dem Ersten und Zweiten Weltkrieg – sie nicht hören wolle. Während die Besatzungsoffiziere die Halle verlassen, singen die Menschen, manche mit Tränen in den Augen, von Einigkeit und Recht und Freiheit. Adenauer erkennt an den Reaktionen, dass Finck den richtigen Ton getroffen hat.

Der Landauer Paukenschlag rührte nicht aus einer Eingebung des Augenblicks, sondern war wohl vorbereitet und alles andere als ein spontaner Einfall. Auf der Rückseite des Programmzettels stand der Text der dritten Strophe zu lesen, weil ihn kaum jemand auswendig kannte. Den meisten war neben Haydns unsterblicher Melodie nur die erste Strophe geläufig. Finck ließ für die unerwartet große Zahl an Teilnehmern – die Eisenbahn hatte einen Sonderzug zum halben Fahrpreis eingesetzt – eilends weitere

Erlebte am 9. August 1949 die Premiere der Nationalhymne: die Festhalle zu Landau in der Pfalz

Textzettel hektografieren, damit niemand aus alter Gewohnheit »Deutschland, Deutschland über alles in der Welt« intonierte. Dieser Worte wegen war das »Lied der Deutschen« seit 1945 von den alliierten Siegermächten verboten, wie alle nationalsozialistischen Gesänge.

An jenem 9. August 1949 unterbreitete Albert Finck seinen Hymnenvorschlag auch der Öffentlichkeit, in einem Leitartikel für die »Rheinpfalz« unter dem Titel »Das Deutschlandlied«. Um nicht den Eindruck zu erwecken, dass der Bonner Staat mehr sei als ein Provisorium, begann der Beitrag mit einem Bekenntnis zur Einheit der Nation. Der Mitschöpfer des Grundgesetzes wies kritisch darauf hin, dass der Parlamentarische Rat zwar eine Flagge, aber kein Bundeslied beschlossen habe. Aus praktischen und ideelen Gründen erschien Finck aber eine Hymne notwendig. Ausführlich rekapitulierte er die Geschichte des Deutschlandliedes. Der CDU-Politiker erinnerte daran, dass es doch der sozialdemokratische Reichspräsident Ebert einst zum Nationalsymbol erhoben habe. Besonders die dritte Strophe künde von hohen Idealen.

Dass der Anstoß für die bundesrepublikanische Hymne aus Hambach kam, hat einen tieferen Sinn, knüpfte doch auch die Fahne Schwarzrotgold an das Hambacher Fest von 1832 an. Dieser Tradition verpflichtet, hatte Finck bereits in seiner Landeszeitung, etwa auf der Titelseite am 11. August 1931 zum Weimarer Verfassungstag, den Dreiklang von Einigkeit, Recht und Freiheit herausgestellt. Unter diesem Motto führte die CDU Pfalz ihren Wahlkampf 1949. Albert Finck veröffentlichte in deren Wahlzeitung den gleichen Beitrag wie in der »Rheinpfalz«, ergänzt um den Satz: »Wir beantragen als vorläufiges Bundeslied »Einigkeit und Recht und Freiheit.« Finck wusste, dass die Weimarer Republik nicht zuletzt auf dem Feld der politischen Symbolik ge-

»Wir gründen unser neues Deutschland auf Einigkeit und Recht und Freiheit«

Albert Fincks Leitartikel vom 9. August 1949:

Mit der Errichtung der Bundesrepublik Deutschland werden 45 Millionen Deutsche in einem nationalen Kernstaat geeinigt. Es bleibt Aufgabe der Zukunft, die noch draußen stehenden Deutschen der Sowjetzone (etwa 20 Millionen) sobald wie möglich hereinzuholen. Fürs erste aber haben wir wenigstens den deutschen Kernstaat. Für diesen hat der Parlamentarische Rat auch eine Flagge beschlossen. Vergessen wurde, ein vorläufiges Bundeslied festzulegen. Die Verkündigung einer endgültigen Nationalhymne allerdings muss jener Zeit verbehalten bleiben, in der Gesamtdeutschland beisammen ist. Dann erst dürfte es auch angebracht sein, über die endgültige Bundeshauptstadt zu befinden ...
Wir brauchen also jetzt ein (provisorisches) Bundeslied. Wir denken an die peinliche Situation, die entsteht, wenn bei einem internationalen Festakt oder bei einem größeren Fußballspiel ... die Nationalhymne der einen Partei gespielt wird und für uns nur betretenes Schweigen übrig bleibt. Aber auch von einem anderen Gesichtspunkt aus erscheint ein deutsches Bundeslied notwendig: Wir legen jetzt die materielle und ideelle Grundlage für ein neues Vaterland. Jedes Volk hat das Bedürfnis, den Idealen, auf denen sein politisches Dasein beruhen soll, in feierlichem Gemeinschaftsgesang Ausdruck zu verleihen. Wer hätte das Recht, uns ein solches Lied zu verwehren?
Es erhebt sich nun die Frage: Was nehmen wir als vorläufiges Bundeslied? ... Wie steht es in dieser Hinsicht mit unserem früheren Deutschlandlied? Vielleicht verschafft uns ein kurzer geschichtlicher Rückblick Klarheit. Bis 1922 hatten wir eine offizielle Nationalhymne überhaupt nicht. Erst am 11. August 1922 wurde durch einen Erlass des Reichspräsidenten Ebert »Deutschland, Deutschland über alles« feierlich zur Nationalhymne erhoben. Bis zum Zusammenbruch 1918 wurde zwar vom deutschen Volk ... das Deutschlandlied als »sein Lied« gerne und begeistert gesungen, von den Fürsten aber war es als eigentliches Nationallied nicht anerkannt. Dagegen hatte jedes »Land« seine Fürstenhymne ... Da schuf 1841 ein freiheitlich und national gesinnter Dichter, der demokratische Patriot Hoffmann von Fallersleben das Deutschlandlied. Es sollte bewusst ein Gegenstück sein zu den einzelnen Landeshymnen. So ist auch der Text der ersten Strophe zu verstehen, in welcher sinngemäß gefordert wird, dass über die dynastischen Territorialinteressen Deutschland als solches gestellt werden müsse ... Damals gab es bekanntlich nur einen losen deutschen Staatenbund, bestehend aus 39 »Staaten«, von denen so ziemlich jeder machte, was er wollte. Der Überwindung dieses Zustandes ... galt das Deutschlandlied, besonders auch in seiner ersten Strophe.
Diese erste Strophe wurde, vor allem im Ausland, vielfach verkannt und missdeutet. Man warf uns Überheblichkeit und Chauvinismus vor. Wer jedoch die Entstehungsgeschichte dieses Liedes kennt, ... weiß, dass dieser Text hauptsächlich innenpolitischen Charakter hatte und zeitlich bedingt war. Mit der Wiedererlangung der deutschen Einheit 1871 hatte dieser Text eigentlich nur noch geschichtlichen Sinn ... Es war das Verdienst der Weimarer Demokratie, dem Deutschlandlied, nachdem es 1918 von den Alliierten verboten worden war, die Ehre erwiesen zu haben, offizielle deutsche Nationalhymne zu werden.
Und dann kam Hitler. Und mit ihm zunächst zwei Flaggen: Hakenkreuz und Schwarz-Weiß-Rot! Ferner zwei Nationallieder: Deutschlandlied und Horst-Wessel-Lied! »Deutschland, Deutschland über alles« galt nicht mehr als alleinige Nationalhymne, sondern wurde mit dem ebenso geistlosen wie stilwidrigen Landsknechtslied »Die Fahne hoch« auf gleiche Stufe gestellt. Damit wurde das Deutschlandlied stark entwertet. Dazu kam noch, dass fast immer nur die erste Strophe gesungen wurde. Die zweite und dritte Strophe wurden unbeachtet gelassen; unsere heutige Jugend kennt sie kaum.
Und doch sind diese beiden Strophen inhaltlich voller Wahrheit und Weisheit und künden von hohen Idealen. Das gilt in erster Linie von der dritten Strophe. Sie lautet: ... Wie wäre es, wenn wir diese als vorläufiges deutsches Bundeslied benützen würden? Wer kann gegen die »Ideale« »Einigkeit und Recht und Freiheit« etwas einwenden? Die Franzosen haben bei ihrer großen Revolution den Neuaufbau ihres Staatswesens unter das Dreigestirn »Freiheit, Gleichheit, Brüderlichkeit« gestellt. Wir gründen unser neues Deutschland auf »Einigkeit und Recht und Freiheit«.

scheitert war. Außerdem wollte er das Nationalgefühl nicht anderen überlassen. Auch die SPD unter Kurt Schumacher versuchte, den Protest gegen die Alliierten und besonders gegen die Franzosen für sich zu reklamieren.

Eine Woche vor der Adenauer-Kundgebung, am 26. Juli 1949, hatte Finck einen Versuchsballon in der »schwarzen‹ Hochburg Rodalben, einem Dorf der Südwestpfalz, steigen lassen. Auf der Fahrt dorthin zog er ein Wanderliederbuch hervor und machte den JU-Pfalzchef Urban Ziegler, seinen Mitfahrer, auf die dritte Strophe aufmerksam. Weil Finck seine Fühler zu den Besatzungsmächten ausgestreckt hatte, wusste er von massiven Vorbehalten der Franzosen. Der Rodalber Schuhfabrikant und Bürgermeister Ferdinand Servas unterhielt aber gute Beziehungen zu dem Pariser Spitzenpolitiker Pierre Pflimlin, später Bürgermeister von Straßburg und letzter Ministerpräsident der IV. Republik. Servas hatte ihn angerufen und vorab informiert, was Finck plante. Pflimlin wollte zurückrufen, falls sich in seiner Regierung ganz schwere Bedenken erhoben hätten. »Als wir den Versammlungsraum betraten, waren schon unsere ›Schutzengel‹, zwei Beamte der Sureté, anwesend«, berichtete Ziegler 1984 von jener Premiere in Rodalben: »Bürgermeister Servas eröffnete, dann sprach ich und Finck schloss mit dem Lied ›Einigkeit und Recht und Freiheit‹. Die Versammlung sang stehend mit, wenn auch einige Jungsozialisten ihren Unmut zum Ausdruck brachten. Servas, Finck und ich warteten in dieser Nacht bis morgens um vier Uhr, dann waren wir ziemlich sicher, die französische Regierung würde gegen dieses Lied keinen Einspruch einlegen.« Am nächsten Abend stimmte es Albert Finck bei einer Kundgebung mit Jakob Kaiser in Pirmasens wieder an, ebenso am 29. und 31. Juli 1949 in Deidesheim und Neustadt nach Reden des späteren Außenministers Heinrich von Brentano.

Die Landauer Kundgebung hatte »eine nachhaltige Wirkung«, wie Albert Finck Konrad Adenauer am 11. August 1949 schrieb, dem alten Herrn für das »große Opfer« zugunsten der CDU Pfalz dankend. Zugleich sandte Finck auch den Zeitungsbericht aus der »Rheinpfalz« über die Landauer Versammlung nach Rhöndorf. Diese Kundgebung, soll der Bundeskanzler später in Bonn geäußert haben, sei seine schönste des ganzen Wahlkampfes gewesen. An Finck antwortete er am 13. August, er denke »mit großer Freude« an den Aufenthalt zurück und stehe bei Gelegenheit »gerne wieder« zur Verfügung. Am Tag darauf bescherte die erste Bundestagswahl Konrad Adenauer einen historischen Sieg.

Zum Wahlsonntag, dem 14. August 1949, ließ Johannes Finck eine Predigtvorlage drucken, in der er – passend zum Vorstoß seines Bruders – für einen »echten, tiefen Patriotismus« plädierte. Der Dekan rief dazu auf, »ganz ehrlich und ganz kritisch die jetzige Lage unseres Volkes und seine Zukunftsaussichten zu prüfen«. Skeptisch fragte er, ob die Deutschen nach der Katastrophe zur Selbstbesinnung gekommen seien. Gewiss, manche seien tief erschüttert und Gott näher gebracht worden, viele aber durch die Not der Zeit radikalisiert und seelisch entwurzelt. Dazu komme die kommunistische Bedrohung: »Im Osten unseres Landes steht der große Feind der abendländischen Kultur.« Für den Mann Gottes war klar: »Unser Volk muss wieder zurückkehren zu seinem eigenen besseren Ich, ... zum christlichen Glauben und der christlichen Sitte seiner Väter.« Die Wahl müsse eine Entscheidung in diesem Sinne sein. Das Abendland sei im Zeichen des Kreuzes groß geworden. Mit dem Kreuz stehe und falle es. »Deshalb müssen wir uns offen und frei zum Kreuz bekennen, zum Kreuz in der Kirche, wie zum Kreuz in der Familie und in der Schule.«

CDU und CSU stiegen bei der ersten Bundestagswahl mit 31 Prozent zur stärksten Kraft auf, vor der SPD mit 29,2 Punkten. Die FDP errang 11,9 Prozent, die KPD wie die Bayernpartei 4,2, die Deutsche Partei 4,0 und das Zentrum 3,1 Prozent. Die wichtigste Frage war nun: Große oder Kleine Koalition? Am 17. August 1949 lud Konrad Adenauer telegrafisch Albert Finck zu einem Treffen mit führenden Parteifreunden nach Rhöndorf ein. Neben dem Pfälzer kamen Ludwig Erhard, Jakob Kaiser, Anton Pfeiffer, Theodor Blank, die Ministerpräsidenten Peter Altmeier und Gebhard Müller, ein CSU-Nachwuchspolitiker namens Franz Josef Strauß und andere. Hier in seinem Privathaus stellte Adenauer am 21. August 1949 die Weichen für eine bürgerliche Regierung. Albert Finck diente ihm als Aufhänger, um die entscheidende Personalfrage zu behandeln: »Herr Finck hat in Landau eine ganz nichtsnutzige Rede in dem Sinne gehalten, dass ich Bundespräsident werde. Die wichtigste Persönlichkeit ist der Bundeskanzler. Präsident soll ein anderer werden, ich will Kanzler werden.« Er könne, sagte der alte Fuchs, die Aufgabe nach Rücksprache mit seinem Arzt »noch ein, zwei Jährchen« machen. Das war der Anfang der langen Ära Adenauer. Für das Amt des Staatsoberhaupts schlug der Gastgeber Theodor Heuss vor. Dabei schickte er voraus, dass nicht beide – Kanzler und Präsident – katholisch sein könnten. Auf einen Einwand, wonach der FDP-Chef »nicht gerade kirchenfreundlich eingestellt« sei, konterte Adenauer klassisch: »Aber er hat eine sehr fromme Frau, das genügt.«

Nach seiner Wahl durch die Bundesversammlung antwortete der erste Bundespräsident Heuss am 21. September 1949 aus Bad Godesberg dem »lieben Dr. Fink« auf dessen Gratulation bemerkenswert herzlich: »Aus der Unzahl von Briefen, die jetzt – ich darf sagen aus aller Welt – zu mir kommen, fische ich mir die heraus, wo das Dankwort einen persönlichen Ton haben soll. Dazu rechne ich Ihre freundschaftlichen Zeilen, für die ich Ihnen dankbar bin, weil sie mir eine Bestätigung gegenseitiger menschlicher Sympathie bedeuten, die in den Tagen des Parlamentarischen Rates immer zwischen uns war.«

Mit Professor Heuss hatte die zweite Republik einen Intellektuellen zum Repräsentanten gewonnen, der überzeugend verkörperte, dass sich der neue Staat in die Tradition der humanistischen Kultur stellen wollte. Bei der offenen Hymnenfrage war Theodor Heuss – genau wie Albert Finck – in seinem Element: Dichtung, Patriotismus, Stilbildung, politische Pädagogik fanden einen Kristallisationspunkt in der Nationalhymne. Heuss hatte sich schon vor Amtsan-

Bundespräsident Theodor Heuss im Gespräch mit Albert Finck

tritt mit dem Thema beschäftigt. Anfang 1950 ließ er erkennen, dass er das Deutschlandlied ablehnte: »Wenn wir unserem Vaterlandsgefühl einen realistischen Charakter geben wollen, dann sollten wir jetzt nicht Maas, Memel, Etsch und Belt aufzählen.« Der dritte Vers besitze zwar echte und sinnvolle Würde: »Ihn isoliert zu nehmen, wie manche vorschlagen, wird aber zu knapp.«

Fincks Vorstoß hatte unterdessen jedoch bundesweit Kreise gezogen. Bürger aus den verschiedensten Ecken der Republik reagierten auf seine Idee zumeist positiv. Aus Berlin schrieb eine Charlotte Meier, die davon in der Zeitung »Der Tag« vom 12. August 1949 unter der Schlagzeile »Einigkeit und Recht und Freiheit« gelesen hatte: »Alles Dinge, die wir gerade heute sehr gut gebrauchen können.« Mit Fincks Vorschlag seien »sicherlich alle einverstanden, denn an diesem Text kann selbst der größte Kritikaster nichts zu beanstanden haben«, meinte die Frau und grüßte optimistisch »in der Hoffnung auf eine baldige Vereinigung aller Zonen einschließlich Berlin«.

Wie andere Blätter, machte die »Süddeutsche Zeitung« am 30. August 1949 eine Agenturmeldung auffällig auf, wonach Albert Finck auch in der jüngsten Ausgabe des CDU-Informationsdienstes seinen Hymnenvorschlag publiziert habe. Noch am selben Tag schrieb eine ganze Reihe von Leuten zwischen München und Cuxhaven an Finck, nicht zuletzt um ihm ihren eigenen, oft unfreiwillig komischen Dichtungen ans Herz zu legen. Ein Maschinen-Ingenieur aus Kassel wollte das neue Lied so konstruieren: »Deutschland, Deutschland, du mein alles, du mein alles in der Welt ... ohne Maas und ohne Memel, ohne Etsch und ohne Belt ...« Auch Claudia von Brandt und Leopold Johannis sahen in Finck den gesuchten Ansprechpartner. Geschaffen hatten sie ihren Entwurf aus Ärger darüber, dass beim Mün-

Der Bundesminister für gesamtdeutsche Fragen, Jakob Kaiser, unterstützte Albert Fincks Initiative für die dritte Strophe

chener Sechstagerennen die Kapelle zum Einzug der deutschen Teilnehmer das Volkslied »So lang der alte Peter am Petersbergl steht« spielte. Dabei war doch diese Kirche fast vollständig den Bomben zum Opfer gefallen ...

Ein Johann Mayer aus Süddeutschland schickte ebenfalls seine Reime und schrieb dazu holprig: »Bitte Sie deshalb, ob das Lied angenommen wird, wenn ja, damit ich dann den Verkauf des Liedes allein durchführen kann. Hoffe das, das Lied nicht anstößig wirkt, gegenüber unseren früheren Feinden.« Die Frage bewegte Menschen quer durch alle Schichten. Für den Kunsthistoriker Hermann Voss, vormaliger Direktor der Dresdner Gemäldegalerie, war die dritte Strophe allein »nichts als ein unbefriedigender Torso und bloßer Lückenbüßer, mit dem niemandem ein Gefallen geschieht, weder den aufrichtigen Demokraten noch jenen anderen, die nur darauf warten, auch die berüchtigte erste Strophe wieder singen zu dürfen«. Voss bot Albert Finck eine eigene vaterländische Poesie an und zweifelte an der Vorläufigkeit der Bundesrepublik: »Auch Provisorien können Dauer haben: il n'y a que le provisoire qui dure!« Aus einem Versehrtenheim sandte »mit den besten Wünschen für unser krankes Deutschland« ein Wenzel Hans Fleischer sein ellenlanges »Deutsches Friedensflehn«. Aus dem Gedächtnis rekonstruierte schließlich ein alter Musik- und Chordirektor mühsam eine Vertonung des Komponisten Franz Abt, um sie Finck statt der »österreichischen« Haydn-Melodie ans Herz zu legen.

Die Initiative Fincks brachte vor allem politisch einiges in Gang. Sein Artikel animierte eine interfraktionelle Parlamentariergruppe, im neuen Bundestag am 29. September 1949 zu beantragen, per Gesetz das Deutschlandlied als Hymne anzuerkennen. Wortführer war Pfarrer Franz Ott, ein unabhängiger sudetendeutscher Vertreter. Sieben der zwölf Abgeordneten gehörten der konservativen Deutschen Partei an, dem Koalitionspartner von Union und FDP. Auch der spätere NPD-Vorsitzende Adolf von Thadden hängte sich an. Da die CDU/CSU diesen Antrag, in dem die dritte Strophe keine Rolle spielte, nicht unterstützte, versandete er in den Ausschüssen.

Albert Finck erhielt Ende Oktober 1949 dafür einen viel versprechenden Brief seines Parteifreundes Jakob Kaiser, inzwischen Bundesminister für gesamtdeutsche Fragen. Seit ihn die Sowjets Ende 1947 als CDU-Vorsitzenden in ihrer Zone abgesetzt hatten, weil er sich der Diktatur der Sozialistischen Einheitspartei Deutschlands (SED) nicht beugte, war er zwar ein »Kaiser ohne Land« und kein ernsthafter Rivale Adenauers mehr, besaß aber einen nationalen Nimbus. Der Minister sagte Finck, den er auch aus dem Parlamentarischen Rat kannte, seine Hilfe zu: »Gemeinsam mit Ihnen möchte ich weiter hinter der Sache der Nationalhymne her bleiben. Kommen Sie doch bitte bald einmal zu uns herüber, damit wir über dieses und anderes weiter sprechen und planen.« Jakob Kaiser, ein ehemaliger christlicher Gewerkschafter, nun Chef der CDU-Sozialausschüsse, schrieb weiter: »Sie wissen ja, dass sich neben mir noch viele andere Freunde auf ein Wiedersehen mit Albert Finck freuen; nicht zuletzt Frau Helene Weber, die immer wieder sagt: Was fehlt uns doch der treffliche Herr Finck aus der Pfalz.« Mit der früheren Lehrerin und führenden Sozialpolitikerin Weber, die für das Zentrum der Weimarer und für die CDU dem Bonner Verfas-

Im französischen Außenministerium am Quai d'Orsay: Konrad Adenauer und Robert Schuman mit ihren Beratern Walter Hallstein und Jean Monnet (v. l. n. r.)

sungskonvent angehört hatte, hatte Finck im August 1949 auch einen Wahlkampfauftritt in Speyer bestritten. Nun saß sie unter den 402 Abgeordneten im Bundestag, während Finck von der Bonner Bühne verschwunden war. Adenauer bot dem Ex-Chefredakteur zwar das Amt des Bundespressechefs an, doch Finck – so erinnert sich seine Tochter – lehnte mit dem Bemerken ab, dass er unter dem »sturen Alten« schwerlich arbeiten könne. Der Studienrat kehrte vorerst ganz an seine Schule zurück.

Den angebotenen Vorsitz der pfälzischen CDU lehnte er 1950 ab. Er führte aber deren Delegation bei einer politischen Pionierreise nach Frankreich vom 28. August bis 5. September des gleichen Jahres. Die Gruppe, darunter der frisch gebackene Abiturient Helmut Kohl, besuchte zunächst Verdun. Im Pariser Außenministerium am Quai d'Orsay empfing sie Robert Schuman, der eine Gegeneinladung nach Neustadt annahm. Dort war er 1941/42 interniert gewesen. Der Lothringer, ein Grenzland-Europäer wie seine Gäste aus der Pfalz, hatte kurz zuvor, im Mai 1950, den nach ihm benannten Plan für eine Kohle- und Stahlunion vorgelegt, den Kern der Europäischen Gemeinschaft. Bundeskanzler Adenauer reagierte darauf in einem Gespräch mit Jean Monnet, dem eigentlichen Schöpfer des Planes und ersten Ehrenbürger Europas (als zweiter Staatsmann bekam 1998 Helmut Kohl diesen Ehrentitel verliehen), geradezu euphorisch: »Sollte es mir gelingen, diese Aufgabe zu bewältigen, so habe ich nicht umsonst gelebt.«

Noch im Frühjahr 1950 wäre Adenauer beinahe verzweifelt, weil seine Außenpolitik keine Resonanz in Paris fand. Der erste Bonner Kanzler, ein überzeugter Europäer und stolzer Deutscher wie sein politischer Enkel Kohl, appellierte in dieser Situation behutsam und gleichwohl entschieden an das deutsche Nationalbewusstein. In Berlin, bei seinem ersten Besuch als Regierungschef, holte er am 18. April 1950 zu einem Coup á la Finck aus. Am Ende seiner Rede im Titania-Palast forderte Adenauer die 1.800 geladenen Gäste auf, gemeinsam die Strophe »Einigkeit und Recht und Freiheit« anzustimmen. Wie neun Monate zuvor in Landau, folgten die meisten begeistert dieser Bitte. Die westlichen Stadtkommandanten blieben zwar sitzen und einige SPD-Genossen verließen die Tribüne, aber der sozialdemokratische Regierende Bürgermeister Ernst Reuter und seine Stellvertreterin Luise Schröder sangen mit.

Bundespräsident Heuss fühlte sich überfahren, Oppositionschef Schumacher kritisierte den »Handstreich«, während Jakob Kaiser den »schönen Handstreich« lobte. Das positive Echo aus dem sowjetischen Sektor Berlins und

„Konrad!" sprach die Frau Mama,
‚Ich geh' aus und du bleibst da.
Sei hübsch ordentlich und fromm,
Bis nach Haus ich wieder komm'."

Kaum war die Mutter außer Sicht,
Macht „Aetsch" der kleine Bösewicht.

aus der sowjetischen Zone, wo die Menschen teilweise das Deutschlandlied aus den Lautsprechern an der Grenze mitgesungen hatten, überzeugte Konrad Adenauer endgültig von der Wirkung der Hymne. Mit sicherem Instinkt machte er sich zum Anführer ihrer Befürworter. Wie Albert Finck wollte er den Patriotismus sinnvoll kanalisieren, zumal inzwischen das System der Lizenzparteien dem freien Spiel der Kräfte gewichen war. CDU und CSU mussten rechts stehende Konkurrenten wie die Deutsche Partei (DP) oder den Bund der Heimatvertriebenen und Entrechteten (BHE) in den folgenden Jahren aufsaugen. Im ersten Bundestag saß auf der äußersten Rechten auch die neonazistische Sozialistische Deutsche Reichspartei (DRP). Der erste Bundeskanzler erblickte eine wichtige Aufgabe darin, »im Gegensatz zu der Republik nach 1918 den nationalistischen Strömungen nichts in die Hände zu geben, um dafür zu sorgen, dass nationales Empfinden in das richtige Bett geleitet wird«. Das erwiderte er den Hohen Kommissaren der drei Westmächte auf deren leise Vorhaltungen

»Der Spiegel« vom 27. April 1950 nach »News Chronicle« (London)

Adenauer spricht auf dem ersten CDU-Bundesparteitag 1950 in Goslar

wegen des Berliner Paukenschlags. Die erste Strophe sei ja so antiquiert, dass sie kein vernünftiger Mensch mehr singen könne, die Zweite ein bisschen dumm, äußerte Adenauer: »Die dritte Strophe jedoch enthält eine Wahrheit, die auch jetzt noch gilt.«

Ebenfalls im April 1950 erklärte Innenminister Gustav Heinemann, der im selben Jahr aus Protest gegen Adenauers Politik zurücktrat und die CDU bald verließ, dass die Proklamation Eberts von 1922 kein Staatsakt im rechtlichen Sinne gewesen sei und die Hymne deshalb frei gewählt werden könne. Doch Fincks Lied traf die Stimmungslage der Mehrheit. Er strich sich dick rot an, was das überregionale Hamburger Blatt »Die Welt« am 2. Mai 1950 meldete. Demnach hatten von 2.300 Lesern, die sich an einer Umfrage ausgerechnet der von Heuss mitbegründeten »Rhein-Neckar-Zeitung« in Heidelberg beteiligten, 92 Prozent für die dritte Strophe votiert. Unter den riesigen Lettern »Einigkeit und Recht und Freiheit« fand im Oktober 1950 auch der erste CDU-Bundesparteitag in Goslar statt.

Kultusminister Finck mit dem Chef der Mainzer Staatskanzlei, Hanns Haberer (l.), dem Bundespräsidenten Heuss (2. v. r.) und Ministerpräsident Peter Altmeier (r.)

An Silvester 1950 setzte Theodor Heuss im Sangesstreit den Kontrapunkt. Nach seiner Ansprache im Rundfunk ließ der Bundespräsident eine neue Hymne abspielen, zu der Rudolf Alexander Schröder den Text und Hermann Reutter die Melodie geliefert hatten. Das Lied »Land des Glaubens, deutsches Land, Land der Väter und der Erben« fand wenig Anklang. Spötter verulkten »Theos Nachtlied«, Kurt Schumacher sprach despektierlich vom »schwäbisch-pietistischen Nationalchoral«. Der Dichter Gottfried Benn notierte ironisch, die Neuschöpfung sei »etwas marklos. Der nächste Schritt wäre dann ein Kaninchenfell als Reichsflagge.«

Albert Finck nahm weiter Einfluss auf die Debatte, zumal er 1951 Kultusminister von Rheinland-Pfalz wurde. Gleich nach Amtsbeginn empfahl er den Erziehern in seinem Land, das Deutschlandlied zu lehren, wie die Frankfurter Allgemeine am 4. Juli verbreitete. Finck hielt es für »gut und notwendig, dass unsere Jugend in den Schulen mit den drei Strophen wieder bekannt gemacht wird«. Die umstrittene erste Strophe könne, müsse aber nicht missdeutet werden. Hoffmann habe »gewiss keinem verstiegenen Nationalismus das Wort reden wollen«. Die Kollegen des Mainzers aus den anderen Bundesländern unterstützten seine Linie. Die Ständige Konferenz der Kultusminister lehnte den Wunsch des Bundespräsidenten, die Hymne von Schröder und Reuter in den Schulen lernen zu lassen, in einem Schreiben am 3. November 1951 glatt ab. Darüber zeigte sich Heuss gegenüber dem Hamburger Kultursenator Heinrich Landahl »sehr wenig befriedigt« und beklagte besonders, dass »einer der Herren Kultusminister, der von Rheinland-Pfalz ... von sich aus die Hoffmann-Haydn Hymne für die Schulen dekrediert (habe), und zwar ... schlicht und einfach als Nationalhymne«.

Auch die liberale Wochenzeitung »Die Zeit« aus Hamburg schloss sich in diesen Monaten dem Ruf nach dem Deutschlandlied an. Das vielleicht einfachste Symbol einer Nation sei neben der Fahne die Nationalhymne: »Deutschland ist das einzige Land der Welt, das keine solche Hymne hat. Ausgerechnet das zweigeteilte Deutschland, das ein solches Symbol seiner historischen Einheit nötiger hätte als vieles andere!« Dieser »Zeit«-Kommentar vom 23. August 1951 warb offen für das Deutschlandlied. Ob man den ersten oder dritten Vers singe, sei dabei ziemlich gleichgültig, meinte die Redakteurin und spätere Herausgeberin Marion Gräfin Dönhoff. Es müsse endlich eine deutsche Nationalhymne geben, die wirklich ein Symbol sei, und zwar ein Symbol für die historische Gemeinsamkeit von Ost- und Westdeutschland.

Die Notwendigkeit einer Nationalhymne für die Bundesrepublik drängte immer mehr. Konrad Adenauer musste

»Bei staatlichen Veranstaltungen soll die dritte Strophe gesungen werden«

Der Bundeskanzler

Bonn, 29. April 1952

Sehr geehrter Herr Bundespräsident!

Die Frage einer »National-Hymne« ist in den vergangenen zwei Jahren wiederholt zwischen uns besprochen worden. Ich achtete, wenn auch mit Zweifel an dem Gelingen, Ihren Versuch, durch einen neuen Text und durch eine neue Melodie über die unliebsamen Zwischenfälle hinwegzukommen, die bei der Wiedergabe oder bei dem Absingen des »Deutschland-Liedes« sich ereignet haben; es sollte vermieden bleiben, hier einen neuen Streit in unser Volk zu tragen.
Sie haben mir selber gelegentlich zum Ausdruck gebracht, daß Sie das Bemühen als gescheitert betrachten müssen. Die Gründe mögen jetzt unerörtert bleiben. Als das Kabinett Sie vor Monaten durch mich bitten ließ, sich für die dritte Strophe des »Deutschland-Liedes« zu entscheiden, gab ich zu, daß Ihre damalige Gegenargumentation eine innere Berechtigung besaß.
Inzwischen ist nun die Frage dringend geworden, und ich muss den Wunsch der Bundesregierung darum pflichtgemäß wiederholen. Sie wissen selber um die Lage, in der bei amtlichen Veranstaltungen unsere ausländischen Vertretungen sich befinden. Ich will in diesem Augenblick die innerdeutschen Gefühlsmomente, deren Gewicht von uns beiden gleich hoch gewertet wird, gar nicht in Anschlag bringen. Es ist wesentlich der außenpolitische Realismus, der uns, Ihnen wie mir, nahelegen muss, die Entscheidung nicht weiter hinauszuzögern; ich möchte auch hoffen dürfen und glaube, dazu Grund zu haben, dass die innenpolitischen Vorbehalte, die sich auf den Missbrauch des »Deutschland-Liedes« durch die Vernichter des alten Deutschland beziehen, an Schärfe verloren haben – war es doch der Reichspräsident Friedrich Ebert, der das »Deutschland-Lied« durch eine staatsmännische Entscheidung zur Nationalhymne erklärte.
Daher die erneute Bitte der Bundesregierung, das Hoffmann-Haydn'sche Lied als Nationalhymne anzuerkennen. Bei staatlichen Veranstaltungen soll die dritte Strophe gesungen werden.

Mit freundlichen Grüßen
Ihr
Konrad Adenauer

es ertragen, dass man den Bundeskanzler bei einem Besuch in Chicago mit »Heidewitzka, Herr Kapitän« empfing. Der Weststaat brauchte das Symbol, weil er souverän werden sollte, aber auch mit Blick nach Osten. Die DDR hatte »Auferstanden aus Ruinen«, eine Komposition von Hanns Eisler, schon im November 1949 zum »Nationalgesang« proklamiert. Der Text von Johannes R. Becher aber war der herrschenden SED, dem zwangsweisen Zusammenschluss von KPD und SPD 1946 zur »Sozialistischen Einheitspartei Deutschlands«, nach dem Mauerbau 1961 nicht mehr lange erwünscht. Erst bei den Demonstrationen von 1989 feierte der Vers »Deutschland einig Vaterland« ein glorreiches Comeback.

Am 1. März 1952 gaben die Briten die Insel Helgoland zurück, wo Hoffmann von Fallersleben 1841 sein »Lied der Deutschen« gedichtet hatte. Bundespräsident Heuss lenkte jetzt widerstrebend ein. Wichtig für ihn war, dass auch der SPD-Parteivorsitzende Schumacher sich nicht mehr durch die nationalsozialistische Hypothek an einer Zustimmung hindern lassen wollte: »Im Gegenteil, wir würden das Lied, indem wir es wieder zur Hymne machten, rehabilitieren.« Ganz im Sinne Fincks richtete Adenauer in einem Schreiben vom 29. April 1952 an Heuss förmlich die Bitte, die Haydn-Hoffmannsche Komposition als Nationalhymne anzuerkennen und bei staatlichen Veranstaltungen die dritte Strophe erklingen zu lassen. Mit seiner Antwort an den Kanzler, datiert auf den 2. Mai, gab das Staatsoberhaupt sein Einverständnis – 33 Monate waren vergangen, seit Albert Finck seine Initiative gestartet hatte. Während er und Adenauer unbefangen für das Deutschlandlied eingetreten waren, hatte Heuss vielleicht auch deshalb gezögert, weil er 1933 als Reichstagsabgeordneter dem Ermächtigungsgesetz zugestimmt hatte. Er meinte nun grummelnd, »den Traditionalismus und sein Beharrungs-

»Ich habe den Traditionalismus unterschätzt«

Der Bundespräsident   Bonn, 2. Mai 1952

Sehr geehrter Herr Bundeskanzler!

Sie haben recht: ich wollte vermieden wissen, dass in öffentlichen Veranstaltungen mit einem vaterländischen Akzent ... ein Missklang ertöne, weil sehr, sehr viele Menschen unseres Volkes Haydns große Melodie nur eben als Vorspann zu dem »dichterisch« und musikalisch minderwertigen Horst-Wessel-Lied im Gedächtnis haben, dessen banale Melodie den Marsch-Takt in ein Volksverderben abgab. Doch das ist es nicht allein. Als mich die Frage nach einer Nationalhymne bewegte – und das liegt innerlich längst vor meiner Wahl zum Bundespräsidenten – glaubte ich, dass der tiefe Einschnitt in unserer Volks- und Staatengeschichte einer neuen Symbolgebung bedürftig sei ...
Ich weiß heute, dass ich mich täuschte. Ich habe den Traditionalismus und sein Beharrungsbedürfnis unterschätzt.
Man hat mir wegen meines Planes manche herzhafte Zustimmung gegeben, und zwar aus schier allen heute wesentlichen politischen Gruppen, man hat mich bewegend, entrüstet, töricht, banal in zahllosen Briefen, Telegrammen, Resolutionen belehrt, dass man in der Not die Vergangenheit nicht verleugne und so fort.
Wenn mich jemand über geschichtliches Würdegefühl belehren wollte, habe ich das kühl auf die Seite geschoben. Denn ich bin stolz und selbstbewusst genug, zu meinen, dass einige meiner in der Vergangenheit liegenden literarischen und wissenschaftlichen Arbeiten der deutschen Würde bekömmlicher waren als die Leistung mancher »prominenter« Protestler von heute, die besser schweigen.
Da ich kein Freund von pathetischen Dramatisierungen bin und mit mir selber im Reinen bleiben will, muss ich nach meiner Natur auf eine »feierliche Proklamation« verzichten. Wenn ich also der Bitte der Bundesregierung nachkomme, so geschieht das in der Anerkennung des Tatbestandes.
Ich möchte daran zwei Erwartungen und Wünsche knüpfen. In den letzten Jahren habe ich, zum Teil durch recht prominente Mitglieder aus den Reihen der CDU, der FDP, der SPD Versicherungen erhalten, wie richtig, wie falsch das sei, was ich versucht habe – es wäre ein Glück, wenn nun das Kapitel der Parteiauffassungen abgeschlossen wäre ...
Man hatte mir nahegelegt, bei der Freigabe von Helgoland den erwarteten Akt der »Proklamation« zu vollziehen, weil bekanntlich auf dieser Insel Hoffmann seine Verse gedichtet hat. Das ist nun so: Hoffmann von Fallersleben war ein Schwarz-Rot-Goldener, sogar leicht verärgert, dass nach 1870 sein Gedicht gar nicht in Aufnahme kam. Ich würde sehr froh sein, wenn alle, die sich jetzt in Briefen und Entschließungen und Artikeln so lebhaft zu ihm bekannt haben, auch die Folgerungen daraus weiter ziehen, und es wäre verdienstlich, Herr Bundeskanzler, wenn die Bundesregierung mit dafür sorgen könnte, dass diese Farben bei festlichen Anlässen, da man die Worte von Hoffmann von Fallersleben singen will und singen wird, nicht bloß an den Amtsgebäuden wehen, sondern von den Mitgliedern der Gruppen, die sich dafür in Beschlüssen erklärt haben, als das Symbol unseres Staates auch öffentlich bekannt würden.

Mit guten Grüßen
Ihr
Theodor Heuss

bedürfnis« unterschätzt zu haben. Durch ihren schlichten Briefwechsel, den das Kabinett am 29. April 1952 genehmigte und das Bulletin der Bundesregierung am 6. Mai veröffentlichte, führten Präsident und Kanzler die Hymne der Bundesrepublik Deutschland offiziell ein.

Zufrieden, aber keine Spur triumphierend, kommentierte der Mainzer Kultusminister in einer Rundfunkrede am 17. Mai 1952 die historische Entscheidung. Die dritte Strophe enthalte »unsere derzeitige deutsche und europäische Aufgabe«, sagte Albert Finck. »Wir ersehnen und erstreben die Wiederherstellung der Einheit Deutschlands und die Einigkeit des deutschen Volkes in einem geeinigten Europa.« Zugleich verdeutlichte er die Dimensionen der drei Ideale: »Wir fordern Recht und Gerechtigkeit innerhalb der staatlichen Gemeinschaft und innerhalb der Gemeinschaft der Völker. Wir fordern vor allem soziale Gerechtigkeit. Wahre Einigkeit und wahre Gerechtigkeit können aber nur gedeihen auf dem Boden der Freiheit.« Er eilte seiner Zeit weit voraus, wenn er die erste Strophe von der Hitlerschen Hypothek zu befreien suchte: »Wenn wir heute von Maas und Memel, von Etsch und Belt sprechen beziehungsweise singen, so wollen wir damit – und das soll unser ehrliches Streben sein – unsere Verpflichtung zur europäischen Solidarität zum Ausdruck bringen. Nationalismus, Chauvinismus, Imperialismus lehnen wir ab, echte Vaterlandsliebe und ehrliche Zusammenarbeit mit den anderen Völkern, insbesondere mit unseren Nachbarvölkern begrüßen und pflegen wir.«

Auf seine eigene Rolle ging der Minister erst am Ende dieser Radioansprache ein, die eigentlich dem Beginn des staatspolitischen Unterrichts in Rheinland-Pfalz galt. Finck führte für alle Schulen die politische Gemeinschaftskunde ein. Was den Kampf für die Nationalhymne anging, so stellte er sein eigenes Licht unter den Scheffel und baute eher das Selbstbewußtsein seines jungen Bundeslandes auf: »Ich für meinen Teil empfinde Genugtuung darüber, dass ich in diesem Sinne seit Jahren mitwirken konnte. Das Land Rheinland-Pfalz aber kann stolz darauf sein, dass von ihm aus die dritte Strophe des Deutschlandliedes, nachdem sie in den Städten und Dörfern unseres Landes zum ersten Male nach dem Kriege wieder erklungen ist, ihren Siegeszug in alle Länder der Bundesrepublik Deutschland angetreten hat.«

Die Rede schloss mit einer Verbeugung vor Theodor Heuss: »Wir wollen in Dankbarkeit gegenüber unserem verehrten Herrn Bundespräsidenten das Deutschlandlied in Ehren halten und die dritte Strophe mit Begeisterung singen.« Fincks Verhältnis zu Heuss hatte unter dem Hymnenstreit kaum gelitten, wie ein Brief vom 10. Januar 1952 zeigt. Darin wandte Heuss sich »vollkommen vertraulich« und »in freundlicher Erinnerung an die gemeinsame Arbeit vor drei Jahren« mit der Idee an den Kultusminister, ob nicht »die beiden christlichen Kirchen gemeinsam etwas für den Aufbau einer Synagoge leisten könnten«. Heuss, der an die Wormser Synagoge dachte, betonte die »tiefere religionspolitische und aktuell politische Möglichkeit dieses Vorschlags«, den er auch dem Kölner Kardinal Josef Frings übermitteln ließ. Außerdem stimmte Heuss in dem Brief Finck darin zu, dass das Hambacher Fest nicht jährlich eine Neuauflage finden sollte. »Da ich selber ein Mann bin, der die Fröhlichkeit zu schätzen weiß und sie als Kraftquelle ansieht, kann ich nicht den Savonarola spielen wollen. Aber die Industrialisierung der Feste hat etwas Peinliches, und die Gefahr würde entstehen, dass das bedeutende geschichtliche Pathos des Jahres 1832 nach einiger Zeit aufgebraucht sein würde«, gab der als Schirmherr vorgesehene Bundespräsident zu bedenken.

1932, als bereits Hitler ante portas stand, hatte Heuss, damals Reichstagsmitglied der Deutschen Staatspartei, die Festrede zur Hambacher Hundertjahrfeier gehalten. Mit Witz und Würde begründete er nun 20 Jahre später seine Absage: »Die Pfälzer sollen mit ihrem Dürkheimer Wurstmarkt zufrieden sein, zu dem ich übrigens auch nicht gegangen bin, da man von mir erwartete, dass ich die Weinkönigin küssen würde, und ich habe nicht die Absicht, ein Fremdenverkehrsartikel zu werden.« Der Kultusminister wollte den Bundespräsidenten später für die 125. Wiederkehr des Hambacher Festes 1957 engagieren, die Finck aber dann nicht mehr erlebte. Heuss wäre bereit gewesen: »Freilich kann ich die Rede von damals nicht mehr halten, weil die Geschichte in der Zwischenzeit manches sich geleistet hat.«

In einem Brief vom 14. Mai 1952 vertraute Theodor Heuss Albert Finck sogar private Sorgen über den Gesundheitszustand seiner Frau an, kurz vor dem frühen Tod der 1881 im Elsass geborenen Elly Heuss-Knapp. Über ihren Vater, den Straßburger Nationalökonomen Georg Friedrich

Der Mainzer Kultusminister im Zirkus Krone

Knapp, hatte Heuss einst dessen Paradeschüler Karl Helfferich kennen gelernt und in dem nationalliberalen Elternhaus in Neustadt besucht. Später distanzierte sich Heuss merklich von Helfferich, dem Vizekanzler des Kaiserreichs und deutschnationalen Führer der Weimarer Frühzeit. 1954 besuchte das Staatsoberhaupt der Bundesrepublik dann Neustadt, die Heimatstadt Albert Fincks – den Vorort Hambach verleibte sie sich 1969 durch die Verwaltungsreform Helmut Kohls ein. Albert Finck pflegte sein gutes Verhältnis zu Theodor Heuss mit süffigen Geschenken. »Der Hambacher Wein ist in der Zwischenzeit eingetroffen, und ich habe die erste Flasche, während ich dies diktiere, vor mir stehen«, dankte der Präsident dafür brieflich aus Bonn. Der Pfälzer musste sich allerdings mit einem sparsamen Lob des Schwaben begnügen: »Der Tropfen ist recht trinkbar.«

Auch dem Bundeskanzler bereitete Albert Finck wiederholt eine »große Freude« durch »gute« und »edle« Weine aus Hambach, wie Konrad Adenauer in seinen kurzen Dankschreiben und dem typischen schnörkellosen Stil formulierte. Der Pfälzer wusste sogar dessen rheinischen Humor zu kontern. Darüber gab Weinbauminister Oskar Stübinger diese Anekdote zum Besten: »Der Kanzler war einmal in Frankfurt, wir saßen derweil im Kabinett in Mainz. Da hat er angerufen, dass wir uns mit ihm auf der gegenüberliegenden Rheinseite in Wiesbaden treffen sollten. In dem kleinen Lokal haben wir uns nett unterhalten und mit ihm gesprochen über unsere Landauer Versammlung. Auf einmal sagte Adenauer: »Sagen Sie mal, Herr Finck, wo haben Sie denn die rote Nase her?« Da sagte Finck: »Vom Saufen, Herr Adenauer!« – Das war das einzige Mal, wo ich den Alten erlebt habe, dass er keine Antwort mehr wusste.«

6. Kapitel

Der Traum von der Wiedervereinigung

1951-1956

Die Idee der deutschen Einheit
blieb nach 1871 so gut wie nach 1848
eine unendliche Aufgabe, und sie
ist es heute und wird es bleiben,
solange es deutsche Lande gibt.

Albert Finck

Vom Lehrerpult direkt auf den Ministersessel: Mit 56 Jahren gelang Albert Finck 1951 dieser Sprung. Bei der Landtagswahl am 29. April zog er ins rheinland-pfälzische Parlament ein. Seine Partei, die herbe Verluste von 47,2 auf 39,2 Prozent erlitt und vorher mit der SPD koaliert hatte, wechselte nach Bonner Vorbild zu einem Bündnis mit der FDP, die sich auf eine Rekordhöhe von 16,7 Prozent steigerte. Der Pfälzer CDU-Verband verlangte einen stärkeren Einfluss im Kabinett des Ministerpräsidenten Peter Altmeier. Finck übernahm von dem ausscheidenden Adolf Süsterhenn das Kultusministerium, das damit für vier Jahrzehnte zur Domäne von Christdemokraten aus dem Süden des Landes wurde: Eduard Orth, Bernhard Vogel (später einziger deutscher Landesvater in West und Ost, nämlich in Rheinland-Pfalz und – nach der Wiedervereinigung – in Thüringen), Hanna-Renate Laurien und zuletzt Georg Gölter folgten Finck.

Zu dessen Zeit kamen Regierungen noch ohne aufgeblähte Apparate aus. Der neue Minister hatte 1951 lediglich vier Kollegen: Aloys Zimmer (Inneres, Soziales) und Oskar Stübinger (Landwirtschaft) von der CDU, Bruno Becher (Justiz) und Wilhelm Nowack (Finanzen) von der FDP. Mit Temperament und Disziplin führte Finck sein Haus souverän fünf Jahre lang. Zu Ministerpräsident Peter Altmeier unterhielt der Ressortchef ein intaktes Arbeitsverhältnis, verbat sich aber energisch jeden Versuch, in seine Zuständigkeit hineinzureden.

Das Deutschhaus in Mainz, seit 1951 Sitz des Landtages und damit Bühne der Politik in Rheinland-Pfalz

Regierung und Parlament von Rheinland-Pfalz zogen 1951 von Koblenz nach Mainz um. Der Koblenzer Altmeier befürwortete den Wechsel, womit er den gefährdeten Zusammenhalt des jungen Landes entscheidend sicherte, meint rückblickend Helmut Kohl, sein Nachfolger im Amt des Ministerpräsidenten von 1969 bis 1976. An dieses positive Beispiel der Lösung einer Hauptstadtfrage wird er sich erinnert haben, als 40 Jahre danach der Bundeskanzler für den heftig umstrittenen Umzug von Bonn nach Berlin votierte. Als Landesminister kam Albert Finck ab 1951 auch wieder ständig nach Bonn, wie im Parlamentarischen Rat 1948/49. Nun fuhr er regelmäßig zu den Sitzungen des Bundesrats, der Länderkammer, wo er für sein Land in den Ausschüssen verhandelte und gelegentlich eine Rede zu kulturpolitischen Fragen im Plenum hielt.

Den Mainzer Kultusminister holte auf der Landesebene jener Konflikt ein, den er im Bonner Parlamentarischen

Rat mühsam entschärft hatte: die Schulfrage. Die rheinland-pfälzische Verfassung von 1947 trug deutlich die Handschrift des klerikal-konservativen Staatsrechtlers Adolf Süsterhenn und erlaubte die Rückkehr zur Konfessionsschule überall dort, wo die Nationalsozialisten sie abgeschafft hatten. Weite Teile der CDU und die katholische Kirche wollten die alten Verhältnisse wieder herstellen. Die SPD-Opposition und auch der liberale Koalitionspartner liefen dagegen Sturm, vor allem gegen die konfessionell getrennte Ausbildung der Lehrer.

Fachminister Finck musste viel Kraft für ein neues Volksschulgesetz und den Schulfrieden im Lande aufwenden. Angesichts der gesellschaftlichen Umwälzungen gehörte er selbst nicht mehr zu den Verfechtern einer Erziehung getrennt nach Konfession. Innerlich rebellierte er zuletzt gegen den untauglichen Versuch, die Uhr zurückzudrehen, berichtet seine Tochter. Der Minister sah sich mit den praktischen Nachteilen der Bekenntnisschulen konfrontiert, existierten doch deswegen an vielen Orten nur Zwergschulen. Das widersprach Albert Fincks Ziel, den benachteiligten Kindern vom Lande die Chance auf gleichwertige Bildung zu eröffnen. Allen Pressionen und Rückschlägen zum Trotz entledigte er sich seiner Aufgabe mit taktischem Geschick und der Fähigkeit zum Ausgleich.

Den gordischen Knoten zerschlugen erst in den späten 1960er-Jahren die Modernisierer Helmut Kohl und Bernhard Vogel, als sie gegen weniger massive Widerstände die konfessionellen Trennwände wegräumten. Die breite Öffentlichkeit verstand nicht mehr, warum etwa beim Neubau von Schulen sogar getrennte Toilettenanlagen für katholische und evangelische Schüler erforderlich sein sollten. Kohl handelte in der Tradition seines politischen Ziehvaters Johannes Finck, des Vorkämpfers der Ökumene. Vor allem protestantische Wählerschichten honorierten den neuen Kurs und verhalfen der CDU unter dem Ministerpräsidenten Kohl 1971 erstmals zur absoluten Stimmenmehrheit in Rheinland-Pfalz.

Albert Finck sorgte während seiner fünfjährigen Amtszeit von 1951 bis 1956 hauptsächlich für den Wiederaufbau zahlreicher Schulgebäude aus den Trümmern des Weltkrieges, entwickelte neue Konzepte für die berufsbildenden Schulen und legte den Grundstock für den Ausbau der Realschulen. Der Minister für Unterricht und Kultus vertrat bei aller eigenen Standfestigkeit die tolerante Ansicht, dass es nicht Aufgabe der Lehrer sei, den Schülern eine »wie immer auch geartete Meinung aufzunötigen, sondern vielmehr neben der Vermittlung eines gediegenen politischen Wissens die Jugend zum Nachdenken über grundsätzliche und aktuelle Fragen des öffentlichen Lebens anzuregen.«

Kultusminister Albert Finck mit dem Chemiker Otto Hahn und der Physikerin Lise Meitner in Lindau am Bodensee

Dekan Johannes Finck (M.) 1950 auf der Spanischen Treppe in Rom

Johannes Finck, der Bruder Alberts, gründete derweil noch einmal eine Zeitung. Da die SPD der Region eine eigene Gazette herausgab, riefen führende Christdemokraten 1951 die Wochenzeitung »Der Pfälzer« mit Sitz in Landau ins Leben. Der Dekan aus Limburgerhof war organisatorisch maßgeblich an dem Unternehmen beteiligt und redigierte den politischen Teil, bis ihn ein völliger gesundheitlicher Zusammenbruch und ein langes Krankenlager zur Aufgabe zwangen. Ohnehin waren in der Bundesrepublik die Tage der Parteiblätter gegenüber der unabhängigen Presse gezählt. Bei einer Reise mit CDU-Bundestagsmitgliedern 1950 nach Rom traf Johannes Finck den früheren Zentrumsvorsitzenden Kaas wieder, nun Leiter der Ausgrabungen unter dem Petersdom. Ludwig Kaas war der bekannteste Repräsentant jenes Typus, den auch Johannes Finck auf andere Weise verkörperte: des »Zentrumsprälaten«. 1933 hatte Kaas maßgeblich beim Ja zum Ermächtigungsgesetz und beim Abschluss des Konkordats zwischen Reichsregierung und Vatikan mitgewirkt. Danach kehrte er nie mehr nach Deutschland zurück. Mit seinem persönlichen Versagen vor dem Nationalsozialismus war das Ende des politischen Prälatentums verbunden.

Am Morgen des 4. Juni 1953, an Fronleichnam, starb Dekan Johannes Finck im 65. Lebensjahr. Die letzte Ruhestätte fand er am 7. Juni, zehn Tage vor dem Aufstand in der DDR, unmittelbar neben seiner Kirche, die er in der

Trauerzug: das Begräbnis von Johannes Finck in Limburgerhof 1953

Arbeitersiedlung Limburgerhof während des Dritten Reiches erbaut hatte. Zur großen Trauergemeinde zählten sämtliche CDU-Landesminister aus Mainz, Bischof Markus Emanuel von Speyer und der BASF-Vorstandsvorsitzende Carl Wurster, einer der Kapitäne des Wirtschaftswunders. Johannes Fincks Kaplan verlas aus seinem Testament die Abschiedsworte, aus denen religiöse Stärke und Demut klangen: »Ich sterbe als römisch-katholischer Priester, ganz gleich, wann, wo und wie ich sterbe. Meine Beerdigung soll möglichst einfach und still sein.«

Der Speyerer Theologe Karl Mentz, ein enger Freund von Johannes Finck wie von Helmut Kohl, meinte in einem Nachruf prophetisch, die Persönlichkeit des Dekans werde nachhaltig wirken, sein Erbe fruchtbar sein. Im Herbst 1953 kündigte sich die Karriere Kohls an, der mit seinen 25 Jahren in den Vorstand der pfälzischen CDU stürmte. Bei der Bundestagswahl im September 1953 kletterte gleichzeitig die Union auf über 45 Prozent, was das Konzept der Volkspartei, wie es Finck verfochten hatte, glänzend bestätigte. Auf dem Höhepunkt der Ära Adenauer er-

rangen die Unionsparteien 1957 einmalig sogar die absolute Mehrheit. Die SPD verharrte bei 30 Prozent, zog daraus Konsequenzen und streifte mit dem Godesberger Programm die Eierschalen des Marxismus ab.

Albert Finck hat den Aufstieg der Bundesrepublik noch ein Stück mitgestaltet und begleitet. Mit landsmannschaftlichem Stolz erlebte der Kultusminister die Fußball-Weltmeisterschaft 1954, den Triumph der Mannschaft um Kapitän Fritz Walter und vier weitere Spieler des 1. FC Kaiserslautern aus der Pfalz. Durch das legendäre 3:2 im Finale über Ungarn war Deutschland wieder wer. Die Übertragung aus dem Berner Wankdorf-Stadion verfolgten Ministerpräsident Peter Altmeier und die Mitglieder seines Kabinetts am 4. Juli 1954, einem Sonntag, gemeinsam vor einem flimmernden Bildschirm im Wohnzimmer von Albert Finck, in dessen neuem Haus am Römerweg in Hambach. Der Südwestfunk hatte dem Kultusminister, der dem Rundfunkrat des Senders in Baden-Baden angehörte, eines der ersten Fernsehgeräte zur Verfügung gestellt. In Bern passierte peinlicherweise beim Abspielen der Natio-

Albert Finck mit seinem Pfälzer Landsmann Fritz Walter nach dem WM-Sieg 1954

nalhymne, was Finck 1949 in Landau mit den Textzetteln der dritten Strophe vorausschauend verhindert hatte: Viele deutsche Zuschauer im Wankdorf-Stadion sangen bei der Siegerehrung aus alter Gewohnheit die erste Strophe »Deutschland, Deutschland über alles«, wie ausländische Beobachter argwöhnisch registrierten.

Als Konrad Adenauer am 14. September 1955 von seiner berühmten Moskaureise zurückkehrte, entschloss sich sein Parteifreund Albert Finck spontan zur Fahrt an den Flughafen nach Köln. Er wollte dem Bundeskanzler persönlich dafür danken, dass er aus der Sowjetunion die letzten deutschen Kriegsgefangenen frei bekam. Schon 1946 hatte Finck das Schicksal dieser damals noch Millionen deutschen Männer in einem Leitartikel für die »Rheinpfalz« als

»eine furchtbare, aber konsequente und natürliche Folge der Politik Adolf Hitlers« gekennzeichnet. »Je bereitwilliger wir Deutsche uns zeigen, unter Militarismus und Nationalsozialismus einen endgültigen dicken Strich zu ziehen, und je entschlossener wir an unsere Wiedergutmachungsverpflichtungen herangehen, desto eher wird sich unser Schicksal zum Besseren wenden und desto eher werden unsere Kriegsgefangenen zu ihren Lieben heimkehren können, was wir allen von Herzen wünschen«, hatte Albert Finck geschrieben. An eine Szene bei Adenauers triumphaler Heimkehr kann sich Fincks Tochter Elisabeth, die ihren Vater begleitete, noch genau erinnern: Nach der Ankunft der Delegation nahm der SPD-Vertreter Carlo Schmid seinen ehemaligen Kollegen aus dem Parlamentarischen Rat wie einen alten Freund in die Arme und seufzte: »Oh Finck, mein Drang nach Russland ist vorbei ...«

Albert Finck zweifelte nicht an der Richtigkeit des Adenauer'schen Westkurses, geriet aber wegen der Saarfrage

Adenauers Ankunft auf dem Flughafen Köln-Wahn am 14. September 1955 nach der berühmten Moskaureise

in Konflikt mit dem »Alten«. Dass der Kanzler bereit schien, das Saarland auf dem Altar eines deutsch-französischen Ausgleichs zu opfern, darüber schüttelte der Patriot aus der Pfalz den Kopf. Wie Jakob Kaiser, der Minister für gesamtdeutsche Fragen, kämpften Finck und die rheinland-pfälzische CDU für eine Rückkehr des Nachbargebietes zu Deutschland und damit gegen die Saar-Regierung von Johannes Hoffmann. Auch der Student Helmut Kohl brachte damals im Volkswagen mit seiner durchaus frankophilen Verlobten Hannelore Renner Werbematerial des Kaiser-Ministeriums illegal über Lothringen in das abgeriegelte Saarland. Albert Finck wandte sich mit einem persönlichen Brief in dieser Herzenssache an den Kanzler, der lakonisch den Eingang des Schreibens bestätigte. Am 23. Oktober 1955 lehnte eine klare Mehrheit der Saarländer das vorgesehene Europäische Statut ab. Der Weg wurde frei für die von Kaiser, Finck, Kohl und Co. erstrebte »kleine Wiedervereinigung« im Westen, den Beitritt der Saarlands zur Bundesrepublik.

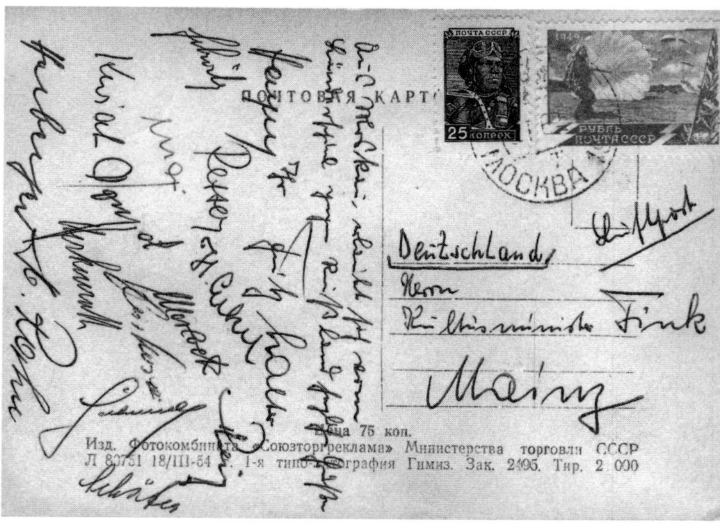

Vom historischen Länderspiel am 21. August 1955 in der Sowjetunion sandte die Fußball-Nationalelf dem Mainzer Minister Grüße aus Moskau

Unabhängig davon, verstanden sich Albert Finck und Helmut Kohl andererseits als überzeugte Europäer. Der spätere Bundeskanzler war in den 50er-Jahren dabei, als Studenten aus verschiedenen Ländern, junge begeisterte Anhänger der europäischen Bewegung, an der deutsch-französischen Grenze den Fall der Zollschranken probten. Albert Finck und Oskar Stübinger, die beiden christdemokratischen Landesminister aus der Pfalz, nahmen Helmut Kohl um dieselbe Zeit übrigens auch zum ersten Mal nach Niedersteinbach ins Elsass mit, wo Kohl sein seitheriges Lieblingslokal »Au Cheval Blanc« entdeckte.

Bei der Wahl in Rheinland-Pfalz 1955 errang die CDU eine absolute Mehrheit der Mandate. Ministerpräsident Peter Altmeier setzte dennoch die Koalition mit der FDP fort und berief Albert Finck erneut zum Kultusminister. Im Jahr darauf folgte ein Volksbegehren, bei dem die Existenz des Landes auf dem Spiel stand. Der Bund Bayern-Pfalz und der Verein Kurpfalz warben für einen Anschluss der Pfalz an Bayern oder Baden-Württemberg, konnten aber keine zehn Prozent der Bürger, wie gefordert, zum Eintrag in die Listen für eine Volksabstimmung bewegen. Fincks bayerische Freunde enttäuschte es, dass er sich nicht für seine alte Liebe stark machte. Rheinland-Pfalz, seit der Gründung zehn Jahre zuvor immer wieder totgesagt, hatte sich konsolidiert und verfügte über CDU-Mehrheiten. Im Gegensatz dazu regierte in München zu diesem Zeitpunkt nicht die CSU, sondern eine Koalition aus vier Parteien unter dem Sozialdemokraten Wilhelm Hoegner.

In München hielt Albert Finck seine letzte Rede, und zwar am 28. Juli 1956 beim 75. Stiftungsfest der Alemannia, seiner alten katholischen Studentenverbindung. Sie war einst, 1881 in der deutschen Kaiserzeit, von einigen Theologiestudenten aus der bayerischen Pfalz gegründet worden,

Einer der letzten Aufnahmen von Albert Finck: der Kultusminister bei einer Rede in Rodalben 1956

darunter Franz Xaver Keßler, der Mentor der Fincks aus Herxheimer Kindheitstagen. Kardinal Josef Wendel zelebrierte am Vormittag eine Pontifikalmesse in der wieder aufgebauten Peterskirche. Albert Finck übernahm am Abend im Löwenbräukeller die Laudatio. Zunächst erinnerte er daran, wie er 1951 in der Kultusministerkonferenz zusammen mit den Kollegen aus Bayern und Schleswig-Holstein ein Verbot der traditionellen Korporationen verhindert habe. Er betonte das demokratische Recht der Studenten, sich ihr Gemeinschaftsleben so zu organisieren, wie sie selbst es für richtig hielten.

Die bemerkenswerte Rede setzte sich kritisch mit dem »Triumph des Materialismus« als Charakteristikum der modernen Welt auseinander. Unter Hammer und Sichel sei der dialektische Materialismus zum befohlenen Glaubensbekenntnis geworden. Bei den freien Völkern mache sich ein praktischer Materialismus breit, warnte Finck vor »diesem Generalübel unserer Zeit«. Er distanzierte sich deutlich von den Konsumwellen der westdeutschen Gesellschaft. Das wachsende Wohlstandsdenken, die Verlockungen einer schönen neuen Welt, trugen zum Verschwinden des katholischen Milieus bei, das nach der Hitler-Diktatur eine Renaissance erfahren hatte. Es sei nicht damit getan, sagte Finck, für einen gefüllten Geldbeutel und erhöhten Lebensgenuss zu sorgen. »Was wir ganz besonders brauchen, ist Idealismus, viel, sehr viel Idealismus«, forderte er die akademische Jugend zum Engagement für die res publica, für die öffentlichen Angelegenheiten auf. »Die Politik ist das Schicksal der Nationen und das Schicksal jedes Einzelnen«, fasste er die bitteren historischen Erfahrungen seiner Generation zusammen: »Nur ein politisch gebildetes Volk kann Katastrophen vermeiden, wie wir sie jetzt zweimal im Laufe eines halben Jahrhunderts als deutsches Volk haben erleben müssen.«

Albert Finck ging differenziert auf die Frage der Wiederbewaffnung ein. Gegen massive Proteste setzte die Regierung Adenauer den Aufbau der Bundeswehr innerhalb der Nato durch. Anfang 1956 waren im rheinland-pfälzischen Andernach die ersten Einheiten vereidigt worden. »Wir wissen um die ebenso komplizierte wie unbehagliche Problematik der Wiedererstehung des deutschen Soldatentums in unserer so unruhigen, unsicheren und spannungsreichen Zeit. Wir sind uns aber auch darüber klar, dass wir uns dieser Aufgabe, die sowohl eine nationale wie eine übernationale Seite hat, keinesfalls entziehen können«, bezog der CDU-Minister Position für einen Wehrbeitrag der inzwischen weitgehend souveränen Bundesrepublik.

Abschließend bekannte sich Finck auch in seiner letzten Rede noch einmal, einem Vermächtnis gleich, leidenschaftlich zur Vision der deutschen Wiedervereinigung. Er war im Reinen mit sich und den demokratischen Idealen, für die er ein Leben lang gestritten hatte. Die äußere Einheit aber nütze nichts, wenn sie sich nicht vollziehe und dauernd erhalte in Freiheit und Frieden, in Recht und Gerechtigkeit, sagte Albert Finck. Damit kam er auf die dritte Strophe des Deutschlandliedes zurück – als wär's ein Stück von ihm: »Einigkeit und Recht und Freiheit gehören zusammen. Es ist ein harmonischer Gleichklang!« Finck ließ das Lied seines eigenen bewegten Lebens, das so eng verwoben war mit der wechselhaften Geschichte der Deutschen und ihres Liedes im 20. Jahrhundert, stilvoll ausklingen mit jenen drei Worten, die ohne ihn kaum zur Nationalhymne geworden wären: »Unserem Volk und Vaterland sei für immer das Glück beschieden von Einigkeit und Recht und Freiheit!«

Der Minister hatte die feste Absicht, wegen seiner gesundheitlichen Probleme zurückzutreten. Am 3. August 1956 ereilte ihn jedoch bei einer Kur im Kneipport Bad Wörishofen, die sich direkt an seinen Aufenthalt in München anschloss, im 62. Lebensjahr der Tod. Finck hatte geahnt, dass die Reise nach Bayern seine letzte sein würde. Helmut Kohl hatte seinen politischen Weggefährten noch auf den Mannheimer Bahnhof begleitet und sich von ihm verabschiedet – für immer, wie Finck unkte. Seinen 26-jährigen Parteifreund hatte der Minister auf dem letzten Landesparteitag der CDU Rheinland-Pfalz zu einer Aufsehen erregenden Kandidatur gegen den stellvertretenden Landesvorsitzenden und prominenten Bundesfamilienminister Franz Josef Wuermeling animiert. Bereits bei der nächsten Landtagswahl 1959 übernahm der Hoffnungsträger der pfälzischen Union dann ein Abgeordnetenmandat. Im Rückblick erschien es dem alten Oskar Stübinger 1986, als ob man die Geschichte der Christdemokratie in der Pfalz untergliedern könne »in eine Hälfte Albert und Johannes Finck und eine Hälfte Helmut Kohl«.

Mehr als vier Dekaden blieb Kohl Abgeordneter in Mainz, Bonn und Berlin. Fast acht Jahre regierte er Rheinland-Pfalz, ab 1982 dann acht Jahre die alte Bundesrepublik, anschließend weitere acht Jahre das vereinigte Deutschland. Der Kanzler der Einheit bestätigte die dritte Strophe in einem Briefwechsel mit Bundespräsident Richard von Weizsäcker 1991, nach dem Vorbild von Adenauer und Heuss 1952, als Hymne auch des vereinigten Deutschland – gegen mancherlei Stimmen, die nach einer anderen Hymne riefen. Abgesehen von seinen Initiativen etwa für eine gemeinsame europäische Währung, führte der Bundeskanzler mit seinen Regierungskollegen 1986 eine Europahymne ein: die Ode an die Freude aus Beethovens Neunter Symphonie.

Helmut Kohl und Konrad Adenauer

Geboren am Rhein, gereift in der Pfalz, getragen vom Gründergeist, hat Helmut Kohl »uns zurückgeführt in die Normalität der Nation, die Normalität des Europas der Vaterländer, wo wir von mancherlei Neurosen, die aus unserer Teilung hervorgegangen sind, befreit sind. Insoweit kann man ihn wirklich vergleichen mit Adenauer, der uns zurückgeführt

»Die Nationalhymne für das vereinte deutsche Volk«

Berlin, 19. August 1991

Sehr geehrter Herr Bundeskanzler,

die staatliche Einheit der Deutschen wurde rechtlich durch den Einigungsvertrag und den Beitritt der ehemaligen DDR zur Bundesrepublik Deutschland gemäß Artikel 23 des Grundgesetzes vollzogen. Seit dem 3. Oktober 1990 gilt auch die Nationalhymne der bisherigen Bundesrepublik für das vereinte deutsche Volk. Das »Lied der Deutschen«, von Hoffmann von Fallersleben vor 150 Jahren in lauteren Gedanken verfasst, ist seither selbst der deutschen Geschichte ausgesetzt gewesen. Es wurde geachtet und bekämpft, als Zeichen der Zusammengehörigkeit und gemeinsamen Verantwortung verstanden, aber auch in nationalistischer Übersteigerung missbraucht. Als ein Dokument deutscher Geschichte bildet es in allen seinen Strophen eine Einheit.
Auf Grund des Briefwechsels zwischen Bundespräsident Heuss und Bundeskanzler Adenauer vom 29. April/2. Mai 1952 hat sich im Laufe der vergangenen Jahrzehnte die dritte Strophe des Liedes mit der Musik von Haydn als Hymne der Bundesrepublik Deutschland im Bewusstsein der Bevölkerung fest verankert. Gerade in der Zeit der Teilung hat sie den tiefen Wunsch der Deutschen nach Rechtsstaatlichkeit und nach Einheit in Freiheit ausgedrückt ... Die dritte Strophe des Hoffmann-Haydn'schen Liedes hat sich als Symbol bewährt. Sie wird im In- und Ausland gespielt, gesungen und geachtet. Sie bringt die Werte verbindlich zum Ausdruck, denen wir uns als Deutsche, als Europäer und als Teil der Völkergemeinschaft verpflichtet fühlen. Die dritte Strophe des Liedes der Deutschen von Hoffmann von Fallersleben mit der Melodie von Joseph Haydn ist die Nationalhymne für das deutsche Volk.

Mit freundlichen Grüßen
Ihr Richard von Weizsäcker

Bonn, 23. August 1991

Sehr geehrter Herr Bundespräsident,

»Einigkeit und Recht und Freiheit« – mit diesem Dreiklang gelang es uns, nach 1949 die erfolgreichste rechtsstaatliche Demokratie unserer Geschichte zu gestalten und den Wunsch nach nationaler Einheit wachzuhalten. Der Wunsch aller Deutschen, die Einheit ihres Vaterlandes in Freiheit zu vollenden, kam im Deutschlandlied besonders eindringlich zum Ausdruck. Heute, nach der Wiedervereinigung Deutschlands, verpflichtet uns auch das Deutschlandlied, für die Menschen in den neuen Bundesländern eine rechtsstaatliche Ordnung zu verwirklichen.
Der Wille der Deutschen zur Einheit in freier Selbstbestimmung ist die zentrale Aussage der dritte Strophe des Deutschlandlieds. Deshalb stimme ich Ihnen namens der Bundesregierung zu, dass sie Nationalhymne der Bundesrepublik Deutschland ist.

Mit freundlichen Grüßen
Ihr Helmut Kohl

hat in die Normalität der westlichen Gesellschaften und der westlichen Demokratie.« Das schrieb der Historiker Thomas Nipperdey kurz vor seinem Tod 1992.

Als am 3. Oktober 1990 vor dem Berliner Reichstag zum Zeichen des staatlichen Zusammenschlusses die Nationalhymne erklang und die schwarzrotgoldene Fahne in den Abendhimmel aufstieg, stand der Kanzler der Einheit auf dem Höhepunkt seines politischen Lebens. Seine Gedanken gingen zurück in seine Jugendzeit, als er zutiefst prägende Erfahrungen gemacht und einen zuverlässigen Kompass für seinen weiten, auch von Irrtümern begleiteten Weg erhalten hatte: »Ich sah die Bilder des zerbombten Ludwigshafen, die Freunde im Gesprächskreis von Johannes Finck«, heißt es in Kohls Buch »Ich wollte Deutschlands Einheit« (1996). Dankbar habe er sich in dieser Stunde der Lehrmeister und Kameraden erinnert, mit denen er in den vergangenen Jahrzehnten für Einheit und Freiheit gekämpft habe. Im Gegensatz zu immer mehr Wortführern der Zweistaatlichkeit, die die Wiedervereinigung gar zur Lebenslüge der Bundesrepublik erklärten, hatte Helmut Kohl am Einheitsgebot des Grundgesetzes unbeirrt festgehalten. Als überraschend die Chance kam, 1989 durch den Fall der Mauer, ergriff der historisch denkende Staatsmann den »Mantel Gottes in der Geschichte«, um das Wort Bismarcks zu verwenden. Den Begründer des deutschen Nationalstaats im 19. Jahrhundert hatte übrigens Kohls Vater als kleiner Junge noch mit eigenen Augen gesehen, auf einer der letzten Reisen des Altkanzlers, der seit seinem Sturz 1890 eine lebende Legende war, in seine unterfränkische Sommerresidenz Bad Kissingen.

In jenen fernen Tagen hatte die Lebensreise Albert Fincks begonnen. Nun, am 7. August 1956, begleitete ihn auf seinem letzten Weg von der Dorfkirche in Hambach zum

Friedhofshügel ein unübersehbarer Trauerzug. Ministerpräsident Altmeier hielt die Gedenkrede beim Staatsakt im Neustadter Saalbau, Bundesminister Wuermeling legte für Kanzler Adenauer einen Kranz aus rosa Gladiolen und weißen Dahlien am Sarg nieder. Auch der politische Gegner verneigte sich: »Dem aufrechten Demokraten« war auf dem Kranz des SPD-Bezirks Pfalz zu lesen. Die Atmosphäre zwischen den Parteiführern sei in der Nachkriegsdekade durch die Gemeinsamkeit der Erfahrungen und die undogmatische pfälzische Mentalität positiv bestimmt gewesen, stellte Helmut Kohl in seiner Doktorarbeit von 1958 fest. Er zitierte darin ausdrücklich einen Satz des sozialdemokratischen Oppositionsführers im Landtag, Eugen Hertel aus Kaiserslautern, bei der Trauerfeier für Albert Finck: »Wir haben glücklicherweise auch nach den schärfsten politischen Auseinandersetzungen stets vermocht, uns bei einem Glase unseres guten Weins zusammenzufinden.«

Konrad Adenauer, der überragende Staatsmann der Epoche, hatte in seinem Beileidsschreiben aus dem Urlaub versichert, er habe sich »mit dem Heimgegangenen stets freundschaftlich verbunden gefühlt«. Bundesratspräsident Kai-Uwe von Hassel, der Regierungschef von Schleswig-Holstein, telegrafierte an die Witwe, Fincks Name werde »untrennbar mit dem demokratischen Wiederaufbau unseres Vaterlandes« verknüpft bleiben. Ihre Wertschätzung übermittelten führende Vertreter aller Parteien, von Carlo Schmid über Franz Josef Strauß bis – mit »jähem Erschrecken« – Bundespräsident Theodor Heuss: »Die Wärme seines heiteren Wesens hat, wie ich glaube, ihm nur Freunde gewonnen, die seiner jetzt in Wehmut gedenken«. Darüber hinaus kondolierten Persönlichkeiten wie der evangelische Kirchenpräsident Martin Niemöller aus Wiesbaden oder der Nobelpreisträger Otto Hahn, die mit Finck dienstlich

Abschied: die Beerdigung von Albert Finck vor der Kulisse des Hambacher Schlosses, 1956

zu tun gehabt hatten. Die Gemeinde Hambach beschloss umgehend, ihre neu erbaute Volksschule nach Dr. Albert Finck zu benennen.

Die »Frankfurter Allgemeine Zeitung« würdigte den Kultusminister als »kluge, geschickte und vor allem liebenswürdige Persönlichkeit, die zwar Gegner, aber keine Feinde hatte. Vor allem war er ein Parteitaktiker, dem eine gewisse natürliche Schlauheit gegeben war«, meinte FAZ-Herausgeber Erich Dombrowski in seinem Nachruf. Der »Rheinische Merkur« bemerkte: »Er erntete erst, wenn auch die Früchte ausgereift waren.« Albert Finck sei ein Politiker ohne Steifheit, kein Funktionär, sondern ein Mensch von ansteckender Herzlichkeit gewesen.

Schluss

Tradition heißt nicht,
die Asche zu hüten,
sondern das Feuer
weiter zu tragen.

Warum ist weder in Bonn noch in Berlin, nicht einmal in der Pfalz, außer in seinem Geburtsort Herxheim, eine Straße nach Albert Finck benannt? Seine historische Bedeutung geriet mit dem Ausgang der Adenauerzeit rasch völlig in Vergessenheit. Während die Schatten Hitlers immer länger wurden, fand ein verdienter Demokrat und Patriot wie Finck, einer der Väter des Grundgesetzes von 1949 und zugleich der Geburtshelfer der Hymne der Bundesrepublik, keinen Platz im Vergangenheitsbild der westdeutschen Gesellschaft. Seine Lebensleistung aber kann vor der Geschichte bestehen.

Von einem Stiefkind des Kaiserreichs stieg Albert Finck zu einem der Gründerväter der Bundesrepublik auf. Er hat sich aus einfachen Verhältnissen, die er nie verleugnete, dank seiner Geistesgaben und einer vorzüglichen Ausbildung nach vorne gearbeitet. Mit Mut und Opferbereitschaft schlug er sich durch die 30-jährige Epoche der Weltkriege. Er war ein – über seine Heimat hinaus – bedeutsamer Journalist der Weimarer Republik mit Profil und klaren Zielen. Finck vertrat demokratische und christliche Werte, ohne klerikale Enge oder Unterwürfigkeit. »Du brauchst den Ring des Bischofs nicht zu küssen«, erklärte er später einmal seiner Tochter Elisabeth.

Albert Finck wirkte nach dem Ersten Weltkrieg in der Grenz- und Konfliktregion am Rhein an einem internationalen Brennpunkt. Der Chefredakteur der Neuen Pfälzischen Landeszeitung warb bereits damals weitsichtig dafür, das kriegerische Denken zu überwinden und die entscheidenden Weichen für Europa zu stellen: »Vor allem muss die Ursache allen Übels, der Krieg, ein für allemal beseitigt werden«, forderte er 1930 vorerst vergeblich: »Eine umfassende und ehrliche deutsch-französische Verständigung ist für beide Nationen eine politische Lebensnotwendigkeit. Warum sollen sich Deutschland und Frankreich nicht versöhnen?« Das Schicksal der rheinischen Lande vor Augen, erklärte er gegen den revanchistischen Zeitgeist: »Wir Pfälzer haben gar keine Veranlassung, ewige Erbfeindschaft mit Frankreich zu predigen.«

Albert Finck war ein mutiger Gegner der Nationalsozialisten, die ihn mit Acht und Bann belegten. Er war kein Märtyrer oder Held dieser schrecklichen Zeit, aber ein Mann mit Rückgrat, der nicht zu Kreuze kroch. Er hielt Hitler nicht für einen Übermenschen und widerstand den totalitären Versuchungen, denen viele aus seiner Generation erlagen. Seine Kraft schöpfte Finck zeitlebens aus den Quellen des christlichen Glaubens, den er mit einer fröhlichen Liberalität zu leben wusste. Wenn er im heimatlichen Hambach zum Gottesdienst ging, kam er manchmal nur bis zur Weinstube am Schlossberg, einem ehemaligen fürstbischöflichen Oberzehntkeller, pflegte dann freilich zu sagen: »Im Umkreis von 300 Metern gilt die Messe noch.«

Die Gebrüder Johannes und Albert Finck stehen vor allem für den Wiederaufbau aus den politischen und moralischen Trümmern der Hitler'schen Barbarei. Die wenige Zeit, die ihnen nach 1945 noch blieb, haben diese Persönlichkeiten ideal genutzt und ihren Teil dazu beigetragen, stabile Grundlagen für die zweite deutsche Demokratie zu legen. Das Konzept einer überkonfessionellen Volkspartei, das namentlich Johannes Finck frühzeitig vertrat und dem er in der französischen Zone maßgeblich zum

Durchbruch verhalf, erwies sich als großer Wurf. Die Union überwand auf dem parteipolitischen Feld die Gegensätze zwischen protestantischen und katholischen Christen und die traditionelle Zersplitterung der bürgerlichen Mitte.

Politisch klug und weitsichtig war ebenso der Vorschlag Albert Fincks, die dritte Strophe des umstrittenen, zeitweise gar verbotenen Deutschlandslieds zur Hymne der Bundesrepublik zu machen. Den rettenden Ausweg, den er dem Bonner Rumpfstaat damit 1949 aus dem Dilemma zwischen der nationalstaatlichen Tradition und ihrer nationalsozialistischen Belastung wies, wurde ein Königsweg. Der Text der Nationalhymne – »Einigkeit und Recht und Freiheit für das deutsche Vaterland« – hat den Anspruch aller Deutschen auf die Verwirklichung ihrer staatlichen Einheit auch in den Jahrzehnten der Teilung wach gehalten. Das westliche Deutschland wahrte und realisierte das Erbe. Es wäre der Traum der Fincks gewesen, die atemberaubenden Tage zwischen dem 9. November 1989 und dem 3. Oktober 1990 noch zu erleben, als ihr politischer Ziehsohn Helmut Kohl als Bundeskanzler die Wiedervereinigung ins Werk setzte. Mit seinen Partnern in West und Ost schuf Kohl für Europa eine Friedensordnung, die aus den Fehlern und Verhängnissen von 1918 und 1945 gelernt hatte. Beim Abgang des deutschen Kanzlers 1998 schrieb ihm der mächtigste Mann der Welt, der amerikanische Präsident Bill Clinton aus dem Weißen Haus, kein europäischer Staatsmann seit dem Zweiten Weltkrieg hinterlasse ein so fruchtbares Erbe.

Immer wieder sprach Helmut Kohl davon, dass »wir auf den Schultern der Gründer stehen«, dass er das Erbe der Väter der Bundesrepublik als einen »bindenden Auftrag« verstehe. Seine Gegner machten sich über solche Sätze gern lustig, weil sie von ihrem historischen Sinn wenig begriffen. Albert Finck repräsentiert jene unbelastete Traditionslinie und die Kontinuität eines schwarzrotgoldenen Patriotismus, der bis zum Hambacher Fest von 1832 zurückreicht. Der Wegbereiter der Hymne der Bundesrepublik steht für den Wunsch, Verfassung und Vaterland zu verbinden, das demokratische Bewusstsein und das Nationalgefühl in Deutschland miteinander zu versöhnen.

Albert und Johannes Finck zeigten als Politiker wenig persönliches Machtstreben. Darin unterschieden sie sich von Helmut Kohl. Es wirkt aber nicht weniger sympathisch, wenn Albert Finck den unbedingten Ehrgeiz und die notwendige Härte vermissen ließ, um nach seiner Mitgliedschaft im Parlamentarischen Rat möglicherweise in die erste Reihe der Bonner Politikbühne vorzustoßen. Obgleich er von menschlichen Schwächen natürlich nicht frei war, verkörperte Albert Finck politische Grundsatztreue und zugleich Toleranz, moralische Integrität und Wagemut, Heimatliebe und Weltoffenheit, Bodenständigkeit und einen weiten geistigen Horizont.

Wer heute, rund ein halbes Jahrhundert nach seinem Tod, auf dem Hambacher Friedhof das Grab Fincks besucht, findet darüber ein markantes Kreuz aus Rebenholz. Der Blick geht von den sanften Weinbergen hinab zur Rheinebene, der Lebensader Europas, und hinauf zum Hambacher Schloss, der Wiege der deutschen Demokratie, wo im Mai 1832 die patriotischen Vorkämpfer das große Fest der Einheit und Freiheit feierten. Einen schöneren Platz hätte sich Albert Finck nicht wünschen können.

Einigkeit und Recht und Freiheit
für das deutsche Vaterland!
Danach lasst uns alle streben
brüderlich mit Herz und Hand!
Einigkeit und Recht und Freiheit
sind des Glückes Unterpfand –
blüh' im Glanze dieses Glückes,
blühe deutsches Vaterland!

Zeittafel

1888 Johannes Finck wird im südpfälzischen Herxheim geboren

1895 Geburt von Albert Finck als letztes Kind einer zwölfköpfigen Familie

1912 Nach dem Gymnasium in Landau und Studium in Innsbruck und München empfängt Johannes Finck im Speyerer Dom die Priesterweihe; danach wird er Kaplan in Ludwigshafen-Mundenheim, Weyher (ab 1913), Lautzkirchen (1917), Deidesheim (1920) und Frankenthal (1921)

1914 Nach dem Abitur in Speyer beginnt Albert Finck sein Studium in München – Ausbruch des Ersten Weltkriegs

1915 Albert Finck rückt nach Landau zur königlich-bayerischen Armee ein und nimmt 1916/17 am Feldzug in Rumänien teil

1918 Bei Kriegsende kehrt er von der Westfront als Leutnant der Reserve zurück; Wiederaufnahme des Studiums in München

1920 Promotion zum Doktor der Philosophie, danach Zeitungsvolontär in Landau, anschließend Parteisekretär des Zentrums in Kempen am Niederrhein

1921 Gründung der Neuen Pfälzischen Landeszeitung; die beiden Fincks leiten die Redaktion in Ludwigshafen am Rhein

1922 Reichspräsident Friedrich Ebert erklärt das Deutschlandlied zur Hymne der Weimarer Republik

1923/24	Krise der Republik – Kampf gegen die Separatisten, die das Verlagshaus der Landeszeitung besetzen; Albert Finck wird zeitweilig aus dem französischen Besatzungsgebiet ausgewiesen
1924	Bruch zwischen Zentrum und Bayerischer Volkspartei in der Pfalz; Johannes Finck, seit 1923 Pfarrer von Billigheim, wird 2. Vorsitzender des neuen regionalen Zentrumsverbands
1927	Albert Finck heiratet Barbara Fillibeck, 1932 Geburt der Tochter Elisabeth
1928	Wahl Johannes Fincks in den bayerischen Landtag
1930	Helmut Kohl wird in Ludwigshafen geboren – Abzug der französischen Truppen aus dem linksrheinischen Reichsgebiet
1932	Johannes Finck scheidet aus dem Münchener Maximilianeum aus und wird Pfarrer von Limburgerhof
1933	Machtantritt Adolf Hitlers – Widerstand gegen die Nationalsozialisten, die die Landeszeitung besetzen, Chefredakteur Albert Finck wochenlang in »Schutzhaft« nehmen, ihm Ortsverweise erteilen und beiden Fincks die politische Arbeit verbieten
1934	»Röhm-Putsch« – Albert Finck wird wegen Nichtaufstehens beim Abspielen des Horst-Wessel-Liedes zu 42 Reichsmark Strafe verurteilt
1936	Berufsverbot für Albert Finck; seine Zeitung muss das Erscheinen einstellen; als Versicherungsvertreter und Privatlehrer verdient er den Familienunterhalt; 1937 erneut zeitweise festgenommen, 1938 für wehrunwürdig erklärt
1942	Schlacht von Stalingrad – Albert Finck wird Aushilfslehrer am Gymnasium in Neustadt

1945	Ende des Zweiten Weltkriegs und des Dritten Reichs – Johannes Finck wird Gründungsvorsitzender der CDU Pfalz, der zu Weihnachten 1946 sein politischer Ziehsohn Helmut Kohl beitritt
1948/49	Albert Finck, seit 1946 Studienrat, arbeitet im Parlamentarischen Rat in Bonn am Grundgesetz für die Bundesrepublik mit
1949	Albert Finck startet seine Initiative für die dritte Strophe des Deutschlandlieds und nimmt auf Einladung Konrad Adenauers an der Rhöndorfer Konferenz teil
1951	Wahl Albert Fincks zum Mainzer Landtagsabgeordneten und rheinland-pfälzischen Minister für Unterricht und Kultus
1952	Bundespräsident Theodor Heuss und Bundeskanzler Konrad Adenauer erklären »Einigkeit und Recht und Freiheit« zum Nationalgesang, was 1991 ihre Nachfolger Richard von Weizsäcker und Helmut Kohl für das vereinte Deutschland bestätigen
1953	Johannes Finck, seit 1946 Dekan, stirbt in Limburgerhof; Helmut Kohl zieht in den Vorstand der CDU Pfalz ein – Aufstand in der DDR
1955	Albert Finck erneut zum Kultusminister von Rheinland-Pfalz berufen; Helmut Kohl zieht in den CDU-Landesvorstand ein - Volksabstimmung im Saarland ebnet Weg zur »kleinen Wiedervereinigung«
1956	Helmut Kohl beginnt seine Doktorarbeit über »Die politische Entwicklung der Pfalz und das Wiedererstehen der Parteien nach 1945«; Albert Finck stirbt in Bad Wörishofen und wird in Hambach bei Neustadt begraben

Quellennachweis

Dieser biografische Essay beruht auf mehrjährigen Forschungen und bisher unbekannten Quellen, vor allem dem schriftlichen Nachlass Albert Fincks mit Korrespondenzen und Dokumenten verschiedenster Art. Der Nachlass befindet sich in Privatbesitz und ist nicht allgemein zugänglich; insofern erübrigt sich auch ein Einzelnachweis. Mein besonderer Dank gilt der Tochter Albert Fincks, Frau Dr. med. Elisabeth Burchardt-Finck in Neustadt-Hambach, für die Möglichkeit, den Nachlass zum ersten Mal benutzen zu können.

Obwohl in jeder Kohl-Biografie dessen Ziehvater Johannes Finck vorkommt, wertete bislang kein Autor den Nachlass des Dekans im Bistumsarchiv Speyer aus. Es handelt sich – neben der Personalakte – um Aufzeichnungen, Briefe und hauptsächlich um eine umfangreiche Pressesammlung. Ein Findbuch von 23 Seiten erleichtert den Zugang. Bei meinen Recherchen entdeckte ich bei einer Nichte, Frau Irma Bullinger in Herxheim, einen zweiten Teilnachlass mit Predigttexten und Zeugnissen aus seiner publizistischen Tätigkeit.

Folgende Archive und Institutionen boten weiteres Aktenmaterial oder nützliche Informationen zum Thema: Archiv für Christlich-Demokratische Politik der Konrad-Adenauer-Stiftung in St. Augustin (u.a. Nachlass Gustav Wolff, Pressesammlung), Archives de l'occupation francaise en Allemagne et Autriche in Colmar (Dossiers zur CDU 1945-1955), Bayerisches Hauptstaatsarchiv-Kriegsarchiv in München (Personalakten), Bistumsarchiv Speyer (Bestand Konvikt St. Josef, Nachlässe), Bundesarchiv Koblenz (Nachlässe Heuss, Brentano, Kaiser), Friedrich-Ebert-Stiftung Bonn (Nachlass Carlo Schmid), Dr.-Albert-Finck-Schule in Neustadt-Hambach, Gemeindearchiv Limburgerhof, Gymnasium am Kaiserdom in Speyer (Zeugnisse etc.), Jesuitenniederlassung Stella Matutina in Feldkirch, Kurfürst-Ruprecht-Gymnasium in Neustadt (Jahresberichte, Personalsachen), Landesarchiv Speyer (Nachlass Jakob Ziegler, Gestapo-Akten), Landeshauptarchiv Koblenz (Kultusministerium), Landtagsarchiv Mainz (Redebeiträge Albert Fincks), Landtagsarchiv München (Reden Johannes Fincks), Pfarrarchiv Limburgerhof (Pfarrgedenkbücher), Pressearchiv Viktor Carl (Hainfeld), Redaktionsarchiv der Tageszeitung »Die Rheinpfalz« (Ludwigshafen), Staatskanzlei Mainz (Personalakte Albert Finck), Stadtarchiv Landau (Schulakten), Stadtarchiv München (Meldeunterlagen), Stadtarchive Neustadt, Pirmasens und Bad Wörishofen (Presseberichte), Stiftung Bundeskanzler-Adenauer-Haus in Rhöndorf (Briefwechsel), Stiftung Bundespräsident-Heuss-Haus in Stuttgart, Universitätsarchive München, Würzburg und Innsbruck (Studentenkarteien, Promotionsakten), Weingut Georg Naegele in Neustadt-Hambach (Gästebuch), Zentralarchiv der evangelischen Kirche der Pfalz in Speyer (Personalakte Jakob Jung).

Gedankt sei nicht zuletzt folgenden Personen, die als Zeitzeugen persönliche Erinnerungen mitteilten oder sonstige schriftliche und mündliche Auskünfte oder fachliche Ratschläge gaben: Dorothea Appel (Mainz), Staatssekretärin Monika Beck (Berlin), Pater Roman Bleistein † (München), August Bolender (Limburgerhof), Bürgermeister a. D. Theo Bollenbach (Edenkoben), Pfarrer Dr. Bernhard Bonkhoff (Großbundenbach), Pfarrer i. R. Emil Brill (Erfweiler), Irma Bullinger (Herxheim), Dr. Elisabeth Burchardt-Finck (Neustadt), Eduard Christmann (Neustadt-Hambach), Robert Cottar (Gennevilliers), Margarethe

Damian (Neustadt), Alois Dümler (Herxheim), Egon Ehmer (Mörlheim), Elisabeth Finck (Rockenhausen), Günter Finck (Mainz), Johannes Finck (Speyer), Pfarrer i. R. Wendelin Fischer † (St. Martin), Pfarrer Friedhelm Hans (Landau), Kultusminister a. D. Dr. Georg Gölter (Speyer), Luise Herklotz (Speyer), Bundeskanzler a. D. Dr. Helmut Kohl (Ludwigshafen), Ministerialdirigent a. D. Hans Jung (Speyer), Hermann Magin (Speyer), Gerd N. Meyer (Neustadt), Staatsminister a. D. Karl Moersch (Ludwigsburg), Gertrud Mörz (Kaiserslautern), Dr. Stefan Mörz (Ludwigshafen), Oberbürgermeister a. D. Walter Morio (Landau), Prof. Dr. Rudolf Morsey (Speyer), Erika Moser (Landau), Gerhard Nestler (Frankenthal), Annemarie Niedermeier (Kaiserslautern), Dr. Robert Oberhauser (Pirmasens), Dr. Franz L. Pelgen (Nieder-Olm), Dr. C. A. Reichling (Ludwigshafen), Ferdinand Schlickel (Speyer), Dr. Erich Schneider (Kaiserslautern), Staatssekretär a. D. Alois Schreiner (Neustadt), Dr. Max Schulze-Vorberg (Bonn), Andreas Schumacher (Limburgerhof), Johannes Seibel (Hauenstein), Helmut Servas (Rodalben), Eduard Wack (München), Hermann Wilding (Malsch) und Dr. Wiltrud Ziegler (Landau).

Ausgewertete Zeitungen und Zeitschriften: Neue Pfälzische Landeszeitung, NSZ Rheinfront bzw. Westmark, Die Rheinpfalz, Rheinland-Pfälzische Landeszeitung, Der Pfälzer u.v.a.

Die im Buch verwendeten Zitate entstammen, soweit nicht ohnehin angegeben, ansonsten der nachfolgend angeführten Literatur.

Dr. Theo Schwarzmüller, im Februar 2002

Bibliografie (Auswahl)

Adenauer – Briefe 1949-1951 sowie 1951-1953, bearbeitet von Hans Peter Mensing, Berlin 1985 sowie 1987

Ammerich, Hans (Hg.): Lebensbilder der Bischöfe von Speyer, Speyer 1992

Amos, Heike: Auferstanden aus Ruinen ... Die Nationalhymne der DDR 1949 bis 1990, Berlin 1997

Baginski, Christophe: La politique religieuse de la France en Allemagne occupée 1945-1949, Dissertation, Villeneuve-d'Ascq 1997

Becker, Winfried: CDU und CSU 1945-1950, Mainz 1987

Bleistein, Roman: Alfred Delp. Geschichte eines Zeugen, Frankfurt 1989

Breier, Jürgen: Die Premiere des »Deutschlandliedes« in Pirmasens 1949, in: Heimatkalender, Pirmasens 1985

Buchner, Bernd: Um nationale und republikanische Identität. Die deutsche Sozialdemokratie und der Kampf um die politischen Symbole in der Weimarer Republik, Berlin 2001

»Das gedenkt mir noch«. Beiträge zur Geschichte von Limburgerhof, Für die Gemeinde herausgegeben vom Historischen Verein, Limburgerhof 1980

Der Parlamentarische Rat 1948-1949. Akten und Protokolle, bisher 13 Bände, Boppard am Rhein

Dreher, Klaus: Helmut Kohl. Leben mit Macht, Stuttgart 1998

Ehmer, Egon: Pfarrer Franz Xaver Keßler und seine Zeit, in: 1225 Jahre Herxheim. Streifzüge durch die Geschichte des südpfälzischen Großdorfes, S. 224-273, Herxheim 1998

Elzer, Herbert: In Distanz zu Adenauers Saarabkommen vom 23. Oktober 1954. Die rheinland-pfälzische CDU als unbeugsame Verfechterin der »deutschen Saar«, in: Jahrbuch für westdeutsche Landesgeschichte 24 (1998), S. 457-543

Fandel, Thomas: Konfession und Nationalsozialismus. Evangelische und katholische Pfarrer in der Pfalz 1930-1939, Paderborn 1997

Feldkamp, Michael F.: Der Parlamentarische Rat 1948-1949. Die Entstehung des Grundgesetzes, Göttingen 1998

Filmer, Werner; Schwan, Heribert: Helmut Kohl. Düsseldorf, Wien 1985, 5. aktualisierte Auflage 1991

Finck, Albert: Die Lehre vom Naturrecht bei Franz Suarez und Gabriel Vasquez unter besonderer Berücksichtigung der Lehre des Hl. Thomas von Aquin, Dissertation, München 1921 (maschinenschriftlich)

Finck, Johannes: Des Christen Kampf und Sieg. Kriegsfastenpredigten, Paderborn 1915

Geis, Manfred; Nestler, Gerhard (Hg.): Die pfälzische Sozialdemokratie. Beiträge zu ihrer Geschichte von den Anfängen bis 1948/49, Edenkoben 1999

Goebel, Erwin: Die pfälzische Presse im Abwehrkampf gegen Franzosen und Separatisten 1918-1924, Ludwigshafen 1931

Gräber, Gerhard; Spindler, Mathias: Revolverrepublik am Rhein. Die Pfalz und ihre Separatisten (1918-1923) , Landau 1992

Gymnasium am Kaiserdom Speyer. Festschrift zum 450-jährigen Jubiläum, Speyer 1990

Handrick, Georg: Ludwigshafen am Rhein. Zur Sozialgeschichte und Soziografie einer modernen Großstadt, Grünstadt 1965

Hattenhauer, Hans: Deutsche Nationalsymbole. Geschichte und Bedeutung, Bonn 1984, 3. aktualisierte Auflage 1998

Haungs, Peter (Hg.): 40 Jahre Rheinland-Pfalz. Eine politische Landeskunde, Mainz 1986

Henning, Diethard: Johannes Hofmann. Sozialdemokrat und Bayerischer Ministerpräsident, München 1990

Hertel, Eugen: Ein Leben für Demokratie und Sozialismus. Erinnerungen, Kaiserslautern 1966

Heuss, Theodor: Das ABC des Parlamentarischen Rates; in: Parlamentarische Poesie, Stuttgart 1999

Hofmann, Klaus: Helmut Kohl. Eine Biographie, Bonn 1985 bzw. Melle 1990 (aktualisierte und erweiterte Ausgabe)

Hück, Walter: Das unvollendete Vaterland. Erinnerungen an die ersten Jahre nach der Katastrophe, Neustadt 1979

Jäger, Felix: 75 Jahre Katholische Süddeutsche Studentenverbindung Alemannia - München (im KV) 1881-1956, München 1960

Die Kabinettsprotokolle der Bundesregierung 1950-1952, Boppard 1982f.

Kaps, Paul: Die Presse ist an allem schuld. Neustadt, 2. Auflage Landau 1979

Kielmansegg, Peter Graf: Nach der Katastrophe. Eine Geschichte des geteilten Deutschland, Berlin 2000

Kleinmann, Hans-Otto: Geschichte der CDU 1945-1982, Stuttgart 1982

Knopp, Guido; Kuhn, Eckehard: Das Lied der Deutschen. Schicksal einer Hymne, Berlin 1988

Kohl, Helmut: Die politische Entwicklung in der Pfalz und das Wiedererstehen der Parteien nach 1945, Dissertation, Heidelberg 1958 (maschinenschriftlich)

Helmut Kohl: Ich wollte Deutschlands Einheit. Dargestellt von Kai Dieckmann und Ralf Georg Reuth, Berlin 1996

Kreutz, Wilhelm; Scherer, Karl (Hg.): Die Pfalz unter französischer Besetzung 1918 bis 1930, Kaiserslautern 1999

Krockow, Christian Graf von: Symbolbildung und politische Identität, Einführung zu: Wappen und Flaggen der BRD und ihrer Länder, Bonn 1987

Kuhn, Ekkehard: Einigkeit und Recht und Freiheit. Die nationalen Symbole der Deutschen, Berlin, Frankfurt am Main 1991

Mader, Ursula: Wie das Deutschlandlied 1922 Nationalhymne wurde, in: Zeitschrift für Geschichtswissenschaft, S. 1088-1100, Berlin 1990

Martin, Anne: Die Entstehung der CDU in Rheinland-Pfalz, Mainz 1995

Maser, Werner: Helmut Kohl. Der deutsche Kanzler, Berlin, Frankfurt am Main 1990

Meinzer, Lothar: Ludwigshafen am Rhein und die Pfalz in den ersten Jahren des Dritten Reiches, Ludwigshafen 1983

Moersch, Karl: Immer wieder war's ein Abenteuer. Erinnerungen, Stuttgart, München 2001

Morsey, Rudolf u.a. (Hg.): Zeitgeschichte in Lebensbildern. Aus dem deutschen Katholizismus des 19. und 20. Jahrhunderts, Zehn Bände, Münster 1973-2001

ders.: Die Rhöndorfer Weichenstellung vom 21. August 1949, in: Vierteljahrshefte für Zeitgeschichte, S. 508-542, München 1980

Mörz, Stefan: Vom Westboten zur Rheinpfalz. Die Geschichte der Presse im Raum Ludwigshafen von den Anfängen bis zur Gegenwart, Ludwigshafen 1994

Moser, Hans: Landauer Plaudereien (2. Teil), Landau 1987

Nestler, Gerhard; Ziegler, Hannes (Hg.): Die Pfalz unterm Hakenkreuz, Landau 1993

Ortmeyer, Benjamin: Argumente gegen das Deutschlandlied, Köln 1991

Otto, Volker: Das Staatsverständnis des Parlamentarischen Rates, Düsseldorf 1971

Pieroth, Stephan: Parteien und Presse in Rheinland-Pfalz 1945-1971, Mainz 1994

Pikart, Eberhard: Theodor Heuss und Konrad Adenauer. Die Rolle des Bundespräsidenten in der Kanzlerdemokratie, Stuttgart 1976

Pommerin, Rainer: Die Mitglieder des Parlamentarischen Rates. Porträtskizzen des britischen Verbindungsoffiziers Chaput de Saintonge, in: Vierteljahrshefte für Zeitgeschichte, S. 557-588, München 1988

Prantl, Helmut (Bearb.): Die kirchliche Lage in Bayern nach den Regierungspräsidentenberichten 1933-1943, Band V, Regierungsbezirk Pfalz, Mainz 1978

Range, Helmut: Ludwig Levy – ein bedeutender Architekt des Historismus in Süddeutschland, in: Festschrift Martin Graßnick, herausgegeben von der Universität Kaiserslautern 1987

Reuter, Christiane: »Graue Eminenz der bayerischen Politik«. Eine politische Biografie Anton Pfeiffers (1888-1957), München 1987

Salzmann, Rainer (Bearb.): Die CDU/CSU im Parlamentarischen Rat. Sitzungsprotokolle der Unionsfraktion, Stuttgart 1982

Schlickel, Ferdinand: Dekan Johannes Finck – Seelsorger, Journalist und Politiker, in: Heimat-Jahrbuch des Landkreises Ludwigshafen 1990, S. 78-82 (ähnlich in: Pilger-Kalender 1988, S. 52-54)

Schmitz, Kurt Thomas: Opposition im Landtag. Merkmal oppositionellen Verhaltens in Länderparlamenten am Beispiel der SPD in Rheinland-Pfalz 1951-1963, Hannover 1971

Schwarz, Hans-Peter: Adenauer. Der Aufstieg 1876-1952, Stuttgart 1986

Schwarz, Wolfgang: Die Heimkehr. Erinnerungen, Zwei Bände, Landau 1991

Schwarzmüller, Theo; Garthe, Michael (Hg.): Die Pfalz im 20. Jahrhundert, Ludwigshafen am Rhein, Landau 1999

400 Jahre Speyerer Gymnasium. Zwei Bände, Speyer 1952 und 1953

Stübinger, Oskar: Wie war das damals? in: 40 Jahre CDU Rheinhessen-Pfalz, Neustadt an der Weinstraße 1986

Wengst, Udo: Thomas Dehler 1897-1967. Eine politische Biographie, München 1997

ders.: Staatsaufbau und Regierungspraxis 1948-1953. Zur Geschichte der Verfassungsorgane der Bundesrepublik Deutschland, Düsseldorf 1984

Wetzler, Eva: Die katholische Kirche und der Nationalsozialismus in Ludwigshafen, Zwei Bände, Speyer 1987 und 1995

dies.: Die Katholische Kirche St. Bonifacius in Limburgerhof. Zum 100. Geburtstag ihres Erbauers, Pfarrer und Dekan Johannes Finck 1888-1953, Speyer 1988

Willis, F. Roy: The French in Germany 1945-1949, Stanford 1962

Wolf, Lothar u.a.: Materialien zur Geschichte der deutschen Nationalhymne, Berlin 1990

Wünschel, Hans-Jürgen: Der Separatismus in der Pfalz nach dem Ende des Zweiten Weltkriegs, Dissertation, Heidelberg 1974 ders.: Angesichts der Trümmer. Die Gründungsgeschichte der pfälzischen Parteien nach dem Ende der Diktatur, Otterbach 1987

Ziegler, Urban: Die Hymne der Bundesrepublik Deutschland. Pfälzische Initiativen zur Einführung der dritten Strophe des Deutschlandliedes als Nationalhymne, in: Pfälzer Heimat, Heft 2, 1984, S. 86-87

Personenregister

Bildquellen

Bistumsarchiv Speyer (24)
Bundespresse- und Informationsamt, Bildstelle (133, 139)
Friedrich-Ebert-Stiftung (36)
Hehmke-Winterer, Düsseldorf (92)
KNA-Bild (81)
Konrad-Adenauer-Stiftung (113)
Museum der Stadt Bad Bergzabern (65)
»Die Neue Zeitung« 1948 (90)
Niedermeier, Kaiserslautern (26)
»Pilger-Kalender« 1939 (73)
Rieder, Herxheim (16, 17)
»Der Spiegel« 1950 (112)
Stadtarchiv Ludwigshafen (40)
Stadtarchiv Speyer (51)
ullstein bild (106, 114)

alle anderen Fotos: privat

Der Autor

Theo Schwarzmüller, geboren 1961 in Annweiler am Trifels, ist gelernter Redakteur, promovierter Historiker und ein erfolgreicher Buchautor. Er schrieb viel beachtete Biografien über Otto von Bismarck und den Generalfeldmarschall August von Mackensen. Außerdem gab er den regionalgeschichtlichen Bestseller »Die Pfalz im 20. Jahrhundert« (zusammen mit Michael Garthe) heraus. Dr. Theo Schwarzmüller ist Lehrbeauftragter für Neuere Geschichte an der Universität Mannheim.

Schauplätze